VALORES DA EDUCAÇÃO DOMINICANA

PARA O USO INTELIGENTE DA LIBERDADE

GABRIELLE KELLY, OP | KEVIN SAUNDERS, OP

VALORES DA EDUCAÇÃO DOMINICANA

PARA O USO INTELIGENTE DA LIBERDADE

TRADUTORA:

SONIA MIDORI YAMAMOTO

editora unesp

Edições Loyola

Título original:
Towards the Intelligent Use of Liberty: Dominican Approaches in Education

Dados Internacionais de Catalogação na Publicação (CIP)
(Câmara Brasileira do Livro, SP, Brasil)

Valores da educação dominicana: Para o uso inteligente da liberdade / Gabrielle Kelly, Kevin Saunders ; tradutor Sonia Midori Yamamoto. -- São Paulo : Edições Loyola : Editora Unesp, 2015.

Título original: Towards the intelligent use of liberty : dominican approaches in education.
Vários autores.
Bibliografia
ISBN 978-85-15-04201-2 (Edições Loyola).
ISBN 978-85-393-0551-3 (Editora Unesp).

1. Educação – Finalidades e objetivos 2. Educação religiosa 3. Escolas católicas 4. Evangelização 5. Igreja católica – Educação I. Kelly, Gabrielle. II. Saunders, Kevin.

15-11432 CDD – 370.1

Índices para catálogo sistemático:
1. Valores da educação dominicana 370.1

Esta edição contou com o apoio das Irmãs Dominicanas de Monteils (províncias de Nossa Senhora de Guadalupe e de Nossa Senhora do Rosário) e das Irmãs Dominicanas da Congregação Romana.

Preparação: Maurício Balthazar Leal
Capa: Walter Nabas
Ilustração de Leonardo De Laquila
Diagramação: Rosilene de Andrade
Revisão: Mônica Aparecida Guedes

Edições Loyola Jesuítas
Rua 1822, 341 – Ipiranga
04216-000 São Paulo, SP
T 55 11 3385 8500
F 55 11 2063 4275
editorial@loyola.com.br
vendas@loyola.com.br
www.loyola.com.br

Fundação Editora da Unesp (FEU)
Praça da Sé, 108
01001-900 São Paulo, SP
T 55 11 3242 7171
F 55 11 3242 7172
www.editoraunesp.com.br
www.livrariaunesp.com.br
feu@editora.unesp.br

ISBN 978-85-15-04201-2

ISBN 978-85-393-0551-3

Sumário

SEÇÃO 2

VALORES DA EDUCAÇÃO DOMINICANA: A PRÁTICA – NO PRESENTE E NO PASSADO

Prefácio

Falar em *Valores da educação dominicana* remete instantaneamente à "pregação dominicana", uma vez que as ênfases fundamentais dessa pregação estarão presentes sempre que um dominicano lecionar. Parece adequado, portanto, em um "Prefácio" dessa natureza, reafirmar algumas dessas ênfases como elaboradas pelos recentes Capítulos Gerais da Ordem.

Desde o início, alguns aspectos têm caracterizado a missão dominicana de pregação e ensino. A missão da Ordem foi e deve continuar a ser aquela que transcende fronteiras[1]. Essa missão se situa nas *lignes de fracture*, tão bem descritas por nosso irmão mártir Pierre Claverie, bispo de Orã, como as "linhas de fratura" da humanidade que atravessam nosso atual mundo globalizado, tão frequentemente marcado pela injustiça e pela violência de conflitos raciais, sociais e religiosos[2]. A implicação desses dois princípios básicos é que aquilo que se "demanda de uma comunidade dominicana é a atitude e a prática da *itinerância* e da *mobilidade*, o contínuo deslocamento rumo às novas fronteiras para as quais as prioridades de nossa missão nos conduzem"[3].

O Capítulo Geral de Ávila em 1986 descreveu cinco dessas áreas fronteiriças. Vale notar que a atenção dada à realidade existente – aquela que, em sua carência, evoca-nos, pregadores, a ir aonde a necessidade está. Segundo

1 *Acta Capituli Generalis* (*ACG*), Avila (1986), n. 22.

2 *ACG*, Bologna (1998), n. 33.

3 Este foi um dos temas desenvolvidos em uma palestra ministrada à Union of Superiors General (USG) por Carlos A. Azpiroz Costa, OP, Proclaimingthe Gospel in the Order of Preachers, Roma, 7 nov. 2002.

Ávila, são elas: *a fronteira entre a vida e a morte* (o desafio de justiça e paz); *a fronteira entre humanidade e desumanidade* (o desafio dos marginalizados); *a fronteira cristã* (o desafio das religiões universais); *a fronteira da experiência religiosa* (o desafio das ideologias seculares); e *a fronteira da Igreja* (o desafio de uma pluralidade de confissões de fé e novos movimentos).

Uma lição importante oriunda da história dominicana é a capacidade da Ordem de estabelecer um diálogo entre a mensagem de Cristo e as culturas, tanto as clássicas como as emergentes. Podemos citar como exemplos disso: São Domingos, que incorporou o estudo a seu projeto fundamental; Santo Tomás de Aquino, no século XIII; os teólogos e professores dominicanos do século XVI, em especial aqueles de Salamanca; e os teólogos dominicanos no Vaticano II, muitos dos quais abriram caminho para o Concílio. A teologia tem sido criativa e profética na Família Dominicana na medida em que se permitiu ser clarificada por coordenadas culturais. Tem sido vivificante na medida em que tomou como ponto de partida as *questiones disputatae* prementes de cada época[4].

A prioridade máxima para nós, dominicanos, é a pregação, em todas as suas formas, pois "temos nos dedicado inteiramente à completa evangelização do Mundo de Deus", como o Papa Honório III declarou na bula de aprovação da Ordem em 1221[5]. Pregadores e professores devem escutar primeiro as "questões disputadas" do momento, para não caírem na armadilha de dar respostas a questões inexistentes. Foi o que fez a Ordem ao isolar quatro prioridades que correspondem às áreas fronteiriças onde nos tornamos quem devemos ser – pessoas que assumem as identidades de outrem, todos esses a quem somos chamados a "servir".

Essas prioridades são:

1. *Catequese em um mundo descristianizado*, um mundo indiferente ou hostil à comunidade visível de crentes.
2. *Evangelização no contexto de diversas culturas*, pois a Ordem é evocada a ajudar a dar à luz uma nova maneira de ser cristão em diferentes culturas.

4 Azpiroz Costa, OP, Proclaimingthe Gospel, citando *ACG*, Providence (2001), n. 111.

5 *Book of Constitutions and Ordinations* (*LCO*), Fundamental Constitution III.

3. *Justiça e paz*, por basear-se em análise social, além de fontes bíblicas e teológicas, e pelo apoio a irmãos e irmãs que trabalham em prol da dignidade humana, comumente colocando em risco as próprias vidas.

4. *Comunicação humana pela mídia de massa*, em que todos são atores, e onde somos chamados a ser comunicadores com convicção, visão e liberdade[6].

Uma das mais belas declarações sobre nossa vocação, em minha opinião, pode ser encontrada nos Atos do Capítulo Geral de Providence, em que o estudo é tido como parte da dimensão contemplativa da vida:

> E, no entanto, embora atraído inicialmente para a contemplação de Deus e das obras divinas, o conhecimento teológico vem para compartilhar com o *dom da sabedoria do Espírito* o amor de Deus e das obras divinas, *uma alegria sagrada* na contemplação de sua plenitude, bem como *uma tristeza sagrada* por qualquer chaga de nosso ser[7].

Segundo Tomás de Aquino, tal sabedoria nos fala não só daquilo que é eterno, mas também de *regulae contingentium, quae humanis actibus subsunt*:

> Cabe ao dom da sabedoria não só meditar sobre Deus, mas também dirigir as ações humanas. Tal direcionamento preocupa-se acima de tudo com a eliminação dos males, que contradizem a sabedoria. É por isso que se considera o medo a origem da sabedoria, por nos incitar a afastar os males[8].

O documento, que é um prólogo à seção sobre a vida intelectual da Ordem, descreve esse *estudo erudito* como uma compaixão *intelectual*, uma forma de *insight* gerado ou desenvolvido pelo estudo, que leva à compaixão[9].

6 Ver *ACG*, Walberberg (1980), n. 17; Oakland (1989), n. 68,4.

7 *ACG*, Providence (2001), Study as *Misericordia Veritatis*, n. 104-35: aqui 105.

8 *ACG*, Providence, n. 106.

9 *ACG*, Providence, n. 106.

Estudar e ensinar significa responder ao chamado para "cultivar a busca humana da verdade"[10]. Nossa Ordem nasceu desse amor pela verdade e da convicção de que homens e mulheres são capazes de conhecer a verdade. "Desde o início", diz Providence:

> Os irmãos foram inspirados pela audácia inovadora de São Domingos, que os encorajou a servir às almas por meio da compaixão intelectual, compartilhando com elas a *misericordia veritatis*, a misericórdia da verdade. Jordão da Saxônia afirma que os dominicanos tinham a habilidade de penetrar o âmago recôndito das muitas questões difíceis de sua época "graças a uma inteligência humilde do coração"[11].

Rogo para que este livro, fruto da reflexão e do testemunho de muitos irmãos e irmãs de todo o mundo, encoraje aqueles que já "cultivam a busca humana da verdade" a persistir nisso, e aqueles que iniciam uma vida de estudo e ensinamento a fazê-lo como São Domingos, com humildade e compaixão, para "servir" aos outros.

Carlos A. Azpiroz Costa, OP

Mestre da Ordem

---

10 *LCO*, 77,2.

11 *ACG*, Providence, n. 107.

Prefácio

Nos últimos nove anos como coordenadora da Dominican Sisters International (DSI), tive o privilégio de conhecer diferentes abordagens à educação dominicana em uma ampla variedade de cenários pelo mundo. Visitei escolas e faculdades dominicanas de diversos tipos – *campi* universitários, escolas de nível fundamental e médio, jardins de infância e creches – do Vietnã às Filipinas, do Uruguai à Guatemala, do Texas ao Canadá, da Irlanda à Hungria e Malta e da América do Sul a Camarões. Também visitei "comunidades de base" no Peru e na Bolívia, cursos de cuidados parentais no interior do Zimbábue, centros de alfabetização nos Estados Unidos e na Europa e de treinamento vocacional na Palestina.

Naturalmente, nem tudo que vi foi igualmente impressionante, mas sem dúvida observei alguns valores que se destacam quando reflito sobre esse vasto panorama de metodologias dominicanas e escrevo este "Prefácio".

Destreza

Fatos impressionantes ocorrem com frequência em todo o mundo dominicano, em face de disparidades opressivas, tais como escassez de recursos, equipamentos e instalações de trabalho obsoletos, miséria extrema e, em alguns casos, guerra e violência. Esses desafios, contudo, não impedem nossas irmãs e nossos irmãos dominicanos de capacitar "alunos" de todos os perfis a buscar a verdade. Um contêiner antes usado para transportar grandes volumes serve como sala de aula no Zimbábue, para proteger os alunos da chuva e do sol. Um grupo de mulheres portadoras do vírus HIV reúne-se em torno de uma pequena mesa na África do Sul para costurar à mão como um meio de se sustentar e a seus filhos.

O que achei mais inspirador foi observar a predisposição de muitos educadores dominicanos a confiar nos dons e *insights* de seus "alunos". Embora tivessem, de modo geral, "melhor" formação acadêmica, esses professores não tentavam impor suas ideias ou soluções a seus ouvintes. Seu objetivo é capacitar as pessoas, legitimar suas ações e seus pensamentos e encorajá-las a lutar por seus direitos. Isso requer uma boa dose de aptidão, porque esses mestres têm de estar preparados para se conter e, no entanto, permanecer ali, observando e escutando as melhores formas de seus "alunos" descobrirem a verdade por si mesmos. Esses educadores aprenderam a aceitar o fato de não saber todas as respostas, mas confiar que elas serão descobertas em conjunto com o grupo, no momento e no local oportunos. Ter tudo de que se necessita compromete o espírito de iniciativa, pois, como diz o ditado, a necessidade é a mãe da invenção! Presenciei esse tipo de destreza muitas vezes em nossos ministérios educacionais dominicanos ao redor do mundo.

Cuidado e solidariedade

A atenção aos mais necessitados também caracteriza os projetos educacionais dominicanos que mais me impressionaram. Para São Domingos, o estudo era inútil se não beneficiava os mais pobres. Seu exemplo de vender livros preciosos para oferecer comida aos famintos não é ignorado por nossas irmãs e nossos irmãos. Um grupo de mulheres pobres de Ruanda, engajadas no estudo de direitos das mulheres, decidiu construir uma casa de barro para ajudar uma delas que não tinha teto. Programas de intercâmbio entre África do Sul e Austrália, Estados Unidos e Peru pontuam o cenário das escolas secundárias e das universidades. Após a passagem do furacão Katrina pelos Estados Unidos, as irmãs dominicanas em Houston, no estado do Texas, abriram seus braços e suas escolas para receber alunos necessitados de Nova Orleans. E essa lista poderia se estender.

Esse tipo de atenção é a solidariedade, aquele hábito do coração que nos une de modo emocional e prático a nossas irmãs e nossos irmãos sofredores em todo o mundo, a parentes e vizinhos a quem não conhecemos. A definição de vizinho mudou radicalmente com a globalização, e a tecnologia pode e deve dar a cada um de nós mais deles. Não se trata mais apenas da pessoa do outro lado do corredor ou do gramado ou da rua, mas também da pessoa do outro lado do país, da tela da internet e do planeta. Essa atenção não significa necessariamente que iremos todos para a África ou a América Latina; significa, isso sim, que permitiremos que as pessoas necessitadas desses e outros lugares habitem nossas mentes e nossos corações e impactem nosso modo de viver e consumir.

Entre nós, dominicanos, há uma impressionante conscientização sobre nossas irmãs e nossos irmãos que atuam em países dilacerados pela guerra, como Iraque e Palestina. Uma de minhas experiências mais poderosas de solidariedade aconteceu com as cooperativas cristãs palestinas que fazem rosários para nosso projeto Família Dominicana, "Say We Care and Pray for Peace" [Diga que nos importamos e rezamos pela paz]. Esse projeto começou quando escutamos o clamor de um cristão palestino: "Onde estão os outros dois bilhões de cristãos? Eles não se importam com o que está acontecendo conosco?". Ao colocar em circulação mais de 300 mil rosários fabricados por essa cooperativa para muitas instituições educacionais pelo mundo, estamos transmitindo ao povo sofrido de Belém e Jerusalém a mesma mensagem de Jesus ao povo de sua época – a de que "nós nos importamos".

Imaginação compartilhada

A imaginação compartilhada é outra caraterística expressiva de nossos esforços educacionais. Não admira, pois, na tradição dominicana, nossos grandes mestres eram reais estudantes do "Livro da Vida", que jamais atuavam sozinhos e que concebiam novos modos de pensar e agir. Pense em Catarina de Siena e seu desenvolvimento no conhecimento teológico por meio de conversas com Raimundo de Cápua, Thomas Caffarini e as mulheres Mantellate. Lembre-se de Tomás de Aquino e sua habilidade de atrair ouvintes para a discussão e o debate teológico e engajar seus irmãos como tradutores. Lembre-se também de Montesinos, que refletia com a comunidade sobre o verdadeiro sofrimento que os cercava enquanto preparava o sermão de domingo, que ainda repercute pelo mundo, e abria novas possibilidades para a humanidade. Sem uma interação íntima com os outros, nenhum deles poderia ter criado o que criou por conta própria. Como Alberto, o Grande, escreveu: "a comunidade dominicana provê companhias para o ensino e o aprendizado". Atualmente, ainda há dominicanos a descobrir, em conjunto com os demais, meios de imaginar um futuro melhor, de transpor o momento presente e vislumbrar a mudança, em lugares como

Irlanda do Norte, Ruanda, Timor Leste e El Salvador. Com a imaginação compartilhada, esses antepassados recusaram-se a ficar confinados aos limites do aqui e agora e seguiram para além de seus horizontes.

Muitos dominicanos que conheci continuam a sonhar juntos dia após dia, não importa a idade que tenham, se estão enfermos ou quão práticos sejam. Eles não permitem que a necessidade de realizar tarefas ou exercer controle interfira no desígnio divino de oferecer novos *insights* e possibilidades. Dão ao futuro de Deus uma chance de emergir. Esse sonhar juntos permite que afastem o medo de exclusão, de banimento, de separação do grupo. Assim como as parteiras no Gênesis, os dominicanos não se deixam dominar por todos os poderosos faraós, mas permanecem concentrados em conceber meios de salvar vidas. Com esse tipo de imaginação compartilhada, um novo mundo torna-se possível.

Esses três valores humanos: destreza, solidariedade e imaginação compartilhada, caracterizam diferentes abordagens à educação no mundo dominicano. Neste livro, temos muita evidência desses valores. Os dois dominicanos australianos, Gabrielle Kelly e Kevin Saunders, foram habilidosos e estavam predispostos a conectar irmãs e irmãos dominicanos – monjas, freis, leigos e irmãs – de lugares tão distantes quanto Peru, África do Sul e Irlanda, em torno de um tema comum. E o conteúdo deste livro vai capturar a imaginação de todos aqueles que creem que um mundo diferente é possível e que os dominicanos que têm se envolvido em diversas abordagens à educação dominicana em uma ampla gama de cenários ao redor do mundo estão participando do surgimento desse mundo melhor. Esta obra mostra-nos como fazer "uso inteligente de nossa liberdade" para termos a destreza de construir pontes, a imaginação para criar diálogos e a atenção com e para os necessitados.

Margaret Ormond, OP
Roma
18 de maio de 2007

Introdução

Na linguagem poética, talvez uma das mais abrangentes e interessantes caracterizações do modelo dominicano seja aquela apresentada por Catarina de Siena. Num Diálogo, Catarina chega à compreensão de que o modo espiritual de São Domingos é "um jardim muito amplo, alegre e perfumado; um jardim dos mais aprazíveis"[1]. As possibilidades dessa imagem, com seu escopo de diversidade, são imensas. Em relação aos capítulos deste volume, trata-se sem dúvida de uma metáfora adequada, pois as reflexões, no tocante a contexto, foco e estilo, oferecem grande variação sobre o tema dos valores da educação dominicana. Era essa a intenção: que nesta década do 800º Jubileu (1206-1216 a 2006-2016) reuníssemos um conjunto de artigos – acadêmicos, práticos e inspiradores – que celebrassem o carisma dominicano sob o filtro das lentes da educação, no sentido mais amplo, em vários cenários. Pois a educação em suas múltiplas formas está na essência do propósito da vida dominicana: *e-ducere*, a ação de guiar a nós mesmos e a outrem dos caminhos menos desenvolvidos ou menos humanos à plenitude da vida humana com Deus em Cristo.

Deixamos aos leitores, que serão tão diversos quanto nossos autores, a incumbência de reagir a cada capítulo, como lhes convier. O que certamente será evidente em todos eles é o fio condutor da busca pelo crescimento com liberdade e autodeterminação, ou, como o título deste livro expressa, *o uso inteligente da liberdade*. Esta frase, acalentada por muitas irmãs

1 *Catherine of Siena: Passion for the Truth – Compassion for Humanity.* Selected spiritual writings, ed., coment. e pref. Mary O'Driscoll OP, New York, New City Press, 1993, Dialogue 158, 127.

dominicanas australianas[2], e sem dúvida por várias outras, condensa valores fundamentais ao modo tradicionalmente adotado e promovido pelos dominicanos – embora, naturalmente, não de domínio exclusivo deles. Essa é a importância da formação e do papel inerentes ao intelecto, arraigado na realidade, como a luz divina para se levar uma vida plenamente humana. Na verdade, as muitas referências ao longo destes capítulos a temas que dizem respeito à dignidade pessoal, às formas da inteligência, informadas e alicerçadas por argumentos e amor, não devem deixar dúvida quanto a seu papel primordial no processo educacional, segundo a visão dominicana. E o testemunho de alguns ancestrais, conforme retratado nestas páginas, também não nos permite nenhuma dúvida de que *o uso inteligente da liberdade* encontra sua mais elevada expressão no amor a servir, em especial àqueles que ainda não gozam da plena liberdade de sua humanidade.

Em meio à celebração, também se deve admitir que muitas vezes e em muitos locais os dominicanos ficaram muito aquém dos ideais dominicanos e falharam consigo mesmos e com os outros. O pesar e o sofrimento decorrentes disso devem ceder lugar à confiança, pelo poder de Deus, na auspiciosa redenção dessas falhas.

A experiência de produzir este livro – ainda que empreendida com certo temor – foi bastante gratificante. Estabelecer uma comunicação frequente ao longo de dois anos com dominicanos e outros ligados a nós em todas as partes do globo, mergulhando por intermédio de suas palavras – bem como das entrelinhas – em seus bastante diversos contextos, suas lutas, seus questionamentos, suas vidas, imbuiu-se de uma graça toda própria. Agradecemos a nossas irmãs e nossos irmãos que, em detrimento de vidas extremamente atribuladas, dedicaram tempo para compartilhar palavras e ações por meio desta publicação. Na realidade, consideramos esta obra um ato coletivo de pregação, em que as vidas e os esforços de muitos refletidos nestas páginas "falam" de diversas formas sobre o intento amoroso de Deus para todos – o de que *devemos ter uma vida e vivê-la em sua plenitude* (cf. Jo 10,10). Participar da concretização deste livro foi um grande e humilde privilégio.

No período de gestação, a criação do livro dependeu de extensa colaboração, tanto local quanto internacional. Havia aqueles cuja experiência

2 Former Congregation of Dominican Sisters of Australia, Constitutions, 1958, Capítulo XXIV, Artigo 208.

internacional ou regional os capacitava a sugerir autores em potencial; outros que atuaram como defensores ou intermediários; e aqueles que serviram como tradutores – e, em alguns casos, houve os que colaboraram em mais de uma frente. Então, houve os que ofereceram sugestões editoriais, os que leram manuscritos e os que empreenderam a árdua tarefa da revisão em vários momentos. Agradecemos a todos os que cooperaram conosco de diversas formas, e em especial a estes colaboradores: Margaret Ormond OP, Timothy Radcliffe OP, Catherine Hilkert OP, João Xerri OP, Kevin Toomey OP, Chrys McVey OP, Lilia Azevedo (português), Patricia Davis OP (francês), Etiennette Fennell (francês), Mary Ann Connolly OP (espanhol), Sandra Camilo Ede OP (português e espanhol), Elisabeth Budiarti OP (indonésio), Astrid Sengkey (indonésio), Martin Wallace OP (latim), Rafael Cabezon OP (espanhol), David Halstead OP, Rosemary Yelland OP, Angela Moloney OP, Anne Stewart OP, Patricia Brady OP, Margaret Kennedy OP e Benedict Hensley OP.

Estendemos nossos agradecimentos também à ATF Press nas figuras de Hilary Regan, a primeira a cogitar a ideia do livro e incansável em solucionar os problemas que surgiram, e de Wendy Baker, dedicada e eficiente editora.

Celebrar o escopo do envolvimento dominicano na educação é admirável; proclamar e compartilhar os valores do modelo dominicano, uma tradição rica em potencial para o mundo moderno, é útil. O mais importante é viver mais intensamente a graça do carisma a nós concedido... e, no entanto, a ser oferecido a outrem... Esperamos que o testemunho tanto de nossos antepassados quanto de nossos contemporâneos, as figuras eminentes e as desconhecidas que trabalharam em silêncio nos ajudem a revigorar os presentes esforços e até mesmo inspirem o surgimento de novas ações de nossa preciosa casa (Mt 13,52).

Gabrielle Kelly, OP, e Kevin Saunders, OP

Adelaide, Sul da Austrália

29 de abril de 2007, Festa de Santa Catarina de Siena

SEÇÃO 1

VALORES DA EDUCAÇÃO DOMINICANA: FONTES E PRINCÍPIOS

A filosofia dominicana da educação

Philip Smith, OP

Introdução

A filosofia educacional de toda escola emana de sua declaração de missão. Este documento expressa, em termos amplos e inspiradores, a natureza e as características de uma escola, seus ideais e valores e sua relação com a comunidade. Uma filosofia educacional converte essas aspirações em metas e objetivos específicos que descrevem seus propósitos, os resultados esperados e os métodos preferenciais de instrução. O sucesso depende da compatibilidade dos resultados com as metas e os objetivos traçados.

A educação dominicana é necessariamente complexa porque assume as mais variadas formas e dimensões: do ensino básico ao superior, da pregação à profissão. Além disso, abrange não só teologia e filosofia, mas também arte e arquitetura, literatura e espiritualidade, história e cuidados com a saúde. É praticamente impossível talhar uma única filosofia da educação que seja ampla o suficiente para abarcar todas essas iniciativas. Entretanto, algumas influências gerais são comuns a elas.

Uma filosofia educacional não pode ser criada com base em pura ficção. Como o próprio São Domingos sustentou *in medio ecclesiae*, a tradição dominicana deve ser alicerçada e modelada pela mais ampla tradição intelectual, espiritual e cultural da Igreja da qual se originou. Ao elaborar uma filosofia educacional, eu a localizo no âmbito da tradição católica e prossigo a explorar os temas centrais à visão dominicana aplicáveis à educação. Identifico desdobramentos educacionais notáveis da tradição em Tomás de Aquino e, então, examino o *insight* do ministério de Ávila sobre "fronteiras". Concluo com a iniciativa do Providence College de incorporar uma filosofia dominicana da educação. Outros dominicanos poderiam se interessar por critérios e exemplos de outros dominicanos além de Aquino, para talhar diferentes filosofias educacionais. Elas seriam igualmente dominicanas, porém ajustadas a ministérios específicos.

A tradição católica

Se uma filosofia dominicana da educação emana da tradição intelectual e espiritual católica, e a ela dá continuidade, o significado de "tradição" é importante. Não se pode examinar qualquer tradição pela mera investigação de suas origens. Sua natureza e sua evolução devem ser rastreadas em sua interação com os vários indivíduos, escolas de pensamento, religiões, culturas e eventos históricos que a moldaram. Assim, longe de ser um remanescente estéril de uma espécie em extinção, a tradição católica é o registro do desenvolvimento dinâmico do pensamento e da espiritualidade da Igreja, sua cultura e suas estruturas ao longo dos séculos. Margaret Steinfels propôs esta útil descrição de tradição:

> Uma tradição é [...] um foco de questionamento, uma estrutura de investigação, um padrão de predomínio de certos conjuntos de ideias em detrimento de outros; tradição é o registro das discussões de uma comunidade ao longo do tempo sobre seu significado e sua direção. Uma tradição viva é aquela capaz de levantar questões sobre si mesma[1].

As discussões da comunidade cristã "sobre si mesma" começaram na era apostólica e foram inicialmente de natureza espiritual. Quando os crentes da primeira geração refletiram sobre a experiência vivida de sua fé, eles tentaram compreendê-la melhor sondando seu significado e seus mistérios: Quem foi Jesus de Nazaré? O que Sua mensagem transmitia? Qual era a salvação que Deus realizava Nele? Sua ressurreição provou que Ele era Deus? Se podia existir apenas um Deus, como Jesus também era Deus? Como sua fé se relacionava com seu modo de vida?

1 Margaret Steinfels, The Catholic Intellectual Tradition, *Origins* 25/11 (24 ago. 1995), 272.

As discussões "sobre si" também se estenderam às correntes intelectuais do período. São Mateus buscou descobrir pontos de concordância entre o cristianismo e a tradição erudita judaica (Mt 1,1-17, por exemplo); São Paulo usou conceitos gregos e romanos em seus escritos e engajou estudiosos do areópago (At 22,17-33). São Justino Mártir, filósofo e recém-convertido ao cristianismo, defendeu sua fé com uma argumentação filosófica que os eruditos romanos em seu julgamento entenderiam. Ele tornou explícita a tradição intelectual católica.

À medida que se desenvolvia, a tradição católica enfrentou dois desafios que são importantes para este estudo: em primeiro lugar, como as verdades são reveladas por uma fé relacionada com *insights* descobertos pela razão? Em segundo, como padrões morais elevados podem se sustentar em uma sociedade caracterizada pela frouxidão moral? Embora tenha se originado em Jerusalém, a fé cristã se desenvolveu em uma cultura dominada pelo clima cultural de Atenas. Justino Mártir identificou um papel tanto para a fé quanto para a razão. A fé é a única filosofia verdadeira. Embora a razão possa investigar verdades já reveladas, a verdade plena só pode ser assimilada pela fé[2]. Um dos primeiros Padres da Igreja, Tertuliano, negou qualquer relação entre a razão e a fé. Sua famosa pergunta "O que Atenas tem a ver com Jerusalém?" subsiste como o desafio perene da tradição católica desde então.

A ligação entre a fé e a vida cotidiana apresentava um segundo desafio aos cristãos. Eles viviam em uma cultura cruelmente dissociada de sua fé e sua prática, altamente pluralista em suas crenças religiosas e tolerante a várias formas de imoralidade. Bastava ser um cristão para evocar suspeita, ridicularização ou até mesmo perseguição. A tensão entre um modo de vida católico e a percepção pública dela sempre impôs um problema à tradição.

A tradição evoluiu com base nas discussões intrínsecas à comunidade, nas influências de acontecimentos históricos e movimentos sociais e nos *insights* de teólogos e filósofos. Também exerceram influência os exemplos de mártires e santos, o ensinamento de sínodos e concílios, o surgimento de escolas e universidades e as contribuições de homens e mulheres religiosos. A Ordem Dominicana desempenhou um papel fundamental nesse desenvolvimento.

2 Justin Martyr, *The Fathers of the Church*, New York, Christian Heritage, 1948. Justino Mártir apresenta, em detalhes, seu entendimento sobre a relação entre a filosofia e a fé em diversas obras, especialmente em suas *Apologias I* e *II* e no *Diálogo com Trifão*.

O referencial de São Domingos para uma filosofia educacional

Toda abordagem dominicana à educação deve tomar como base e refletir o espírito e a visão de São Domingos. Uma vez que ele não deixou quase nada por escrito, contamos sobretudo com outras fontes históricas para descobrir o esboço do que se pode chamar de sua filosofia da educação. São Domingos acalentava uma visão muito clara de sua Ordem, do que os dominicanos deveriam estudar e de qual deveria ser a formação deles. Essa concepção foi influenciada por seu temperamento, sua educação e sua experiência.

O estudo sempre foi importante para São Domingos. Aos 14 anos ele ingressou na prestigiosa escola da província espanhola de Palência e por uma década estudou artes liberais e teologia, em especial as escrituras sagradas. Apesar de respeitado por sua erudição, São Domingos era mais admirado por sua santidade, sua compaixão e sua generosidade. Em sua época de estudante, a Espanha sofreu uma severa escassez de mantimentos. Jordão da Saxônia relata que São Domingos "foi tocado profundamente pela condição aflitiva dos pobres e decidiu, em [...] sua compaixão [...] fazer o que fosse possível para remediar as necessidades do povo que estava morrendo"[3]. Ele vendeu todos os seus livros para arrecadar dinheiro para ajudar os pobres e alimentar os famintos. Impressionado com a vida e os ensinamentos de São Domingos, o Bispo Diego de Osma convidou-o a se juntar a seu Capítulo da Catedral em 1196.

Alguns anos depois, ao acompanhar o Bispo Diego em suas missões diplomáticas, São Domingos ficou chocado e entristecido com o que viu: clérigos em sua maioria de pouca educação e negligentes, a Igreja ameaçada pela ignorância, pelo popular movimento albigense e por devotos confusos e espiritualmente famintos. Para São Domingos, essas jornadas foram experiências elucidativas.

O albigensianismo, arraigado no dualismo, proclamava dois deuses de igual magnitude, porém diametralmente opostos. O bom deus, o salvador que criou o mundo invisível e seres espirituais que eram incorruptíveis e indestrutíveis. O deus mau que criou o mundo visível, incluindo o corpo humano, que é corrompível e maléfico por causa de sua natureza

3 Jordan of Saxony, *On the Beginnings of the Order of Preachers*, Dublin, Dominican Publications, 1982, n. 6-7, 10.

material e porque aprisiona a alma. O corpo, perpetuado pela reprodução sexual, permanece aviltado.

Para evitar contaminação, a elite albigense – os *Perfecti* – abraçou ceticismo e pobreza extremos: faziam voto de abstinência sexual e recusavam-se a ingerir alimentos oriundos da procriação sexual[4]. A maioria das pessoas era incapaz de vida tão sublimada. Entretanto, elas podiam ser salvas por meio do *consolamentum*, um sacramento administrado pelos *Perfecti* no momento da morte. O movimento albigense e os *Perfecti* eram alternativas atraentes aos cristãos que consideravam alguns clérigos profanos, incultos e insensíveis. Os *Perfecti*, por outro lado, eram bem informados, praticavam o que pregavam e compadeciam-se das fraquezas da maioria[5].

O albigensianismo atacava as crenças cristãs de São Domingos em sua essência. Solapava a benevolência da criação e a santidade do casamento ao cunhar uma separação entre espírito e matéria, mente e corpo, sexualidade e procriação. Demonizava o corpo humano e a encarnação, desprezava o sentido da crucificação e da ressurreição e distorcia a salvação oferecida por Jesus. São Domingos estava convicto de que a cura desse mal espiritual era nada menos do que uma profunda conversão de mente e alma, alcançável somente por uma pregação instruída e zelosa. São Domingos sentia-se convocado por Deus para pregar àqueles que haviam abandonado o cristianismo em favor do albigensianismo.

São Domingos era consumido pela ânsia de pregar. Não sabemos muito sobre sua pregação, além do fato de que às vezes levava tanto os ouvintes quanto o próprio pregador às lágrimas. Sabemos, porém, que ele usava mais de um método. Pregava sempre que surgia uma oportunidade, em diferentes locais e para todas as classes sociais: na Missa, na igreja, em domicílios. Percorreu todo o sul da França participando de debates públicos com os *Perfecti* sobre questões doutrinárias. Em certa ocasião, discutiu noite adentro com o dono de uma estalagem que se convertera ao albigensianismo e conseguiu reconvertê-lo à Igreja. Obviamente, ele se preocupava

---

4 Guy Bedouelle, OP, *Saint Dominic: The Grace of the Word*, San Francisco, Ignatius Press, 1987, 172-174. Bedouelle cita uma longa menção do inquisidor Jacques Fournier sobre a doutrina. Mais tarde, Fournier tornou-se o Papa Benedito XII. A citação é clara, informativa e concisa.

5 Bedouelle, *Saint Dominic*, 175-176.

mais com a pregação do Evangelho de um modo que comovesse mentes e almas do que com o método utilizado[6].

Para São Domingos, o estudo era sempre devotado ao serviço da verdade e à pregação do Evangelho. Entretanto, ele logo percebeu que somente o conhecimento não era suficiente. Legados papais desalentados, incumbidos de pregar contra o albigensianismo, evidenciavam um nítido contraste entre o conhecimento e o exemplo dos *Perfecti* e a ignorância e a frouxidão dos sacerdotes cristãos. Em resposta, São Domingos, mais tarde seguido por seus companheiros, passou a se identificar com os mais pobres e a inspirá-los pregando como os apóstolos: com humildade, pés descalços e voto de pobreza[7]. Sua pregação surtia efeito somente quando seu modelo de conduta refletia o poder de suas palavras. Sua obra, a penitência e a abstinência a que se submeteu cobraram seu preço. Exaurido, ele morreu aos cinquenta anos.

A visão de São Domingos para sua Ordem desenvolveu-se gradualmente e refletiu sua experiência de pregação na companhia de um pequeno grupo inicial, em princípio ao redor do mosteiro de Prouille, próximo ao povoado francês de Fanjeaux, e mais tarde em Toulouse. Neste ponto, devemos mencionar sucintamente as importantes contribuições das monjas de Prouille por meio de sua hospitalidade, suas orações e sua espiritualidade. São Domingos nutria uma afeição especial por elas e com frequência retornava lá para descanso físico e renovação espiritual. O registro de como esses primeiros "Pregadores de Toulouse" tornaram-se, em 1216 e 1217, "paladinos da fé e da luz verdadeira" para todo o mundo, sob a proteção papal, está documentado em várias fontes[8]. É preciso observar aqui somente que a "Ordem dos Pregadores" existia para o propósito de salvar almas. Sua missão era refutar o erro e pregar as verdades reveladas por Deus, tanto pela palavra quanto pela ação, a todos, conforme a necessidade. Uma vez consolidada a missão da Ordem, São Domingos voltou sua atenção para a educação

---

6 Benedict Ashley, OP, *The Dominicans*, Collegeville (Minnesota), The Liturgical Press, 1990, 18-21.

7 H. M. Vicaire, Leonard von Mott, *St. Dominic: A Pictorial Biography*, Chicago, Henry Regnery Company, 1957, 25-27.

8 Por exemplo, William A. Hinnebusch, OP, *The History of Dominican Order*, New York, Alba House, 1965, v. 1, 39-40; *Early Dominicans: Selected Writings*, ed. Simon Tugwell, OP, New York, Paulist Press, 1982, 88; *St. Dominic: Biographical Documents*, ed. Francis C. Lehner, OP, Washington (DC), The Thomist Press, 1964, 197-202. Lehner inclui a tradução de um texto do Papa Honório III.

intelectual e espiritual de seus novos frades. Foi o mais próximo que chegou de uma filosofia da educação.

São Domingos sempre admitiu uma conexão essencial entre o estudo sério e uma pregação virtuosa. Uma pregação auspiciosa implicava a necessidade de a santidade da vida ser iluminada pela doutrina. Ele estudou as cartas de São Paulo e o Evangelho de São Mateus até praticamente memorizá-los. Humberto de Romans, repercutindo São Domingos, lembrava a seus irmãos que o estudo, apesar de não ser essa a finalidade da Ordem, era essencial para a pregação e a obra de salvação das almas. O estudo, também um meio de santificação, deveria ser uma busca devota pela verdade que leva ao autoconhecimento e a uma compreensão mais aprofundada das escrituras; além disso, poderia ser um exercício de penitência.

O programa de estudo ou o currículo de São Domingos era restrito. Ele não queria que seus alunos se pusessem a "estudar os livros dos pagãos e filósofos", embora pudessem consultar trechos deles. Além disso, "não devem aprender ciências seculares, nem mesmo as assim chamadas artes liberais [...] todos[...] devem ler apenas livros de teologia" (*Distinctiones* II, XXVIII). Seu objetivo não era formar eruditos, mas pregadores que fossem versados em escritura e teologia e levassem uma vida honrada. Ele temia que o conhecimento profano interferisse no modo de pregar. Após décadas da morte de São Domingos, porém, "ensinar" foi incluído no escopo da missão de "pregar". Alguns dominicanos estudaram artes liberais e filosofia nas universidades, e a verdade a serviço do Evangelho era buscada em toda parte.

São Domingos estava certo da inseparabilidade entre a preparação intelectual e a espiritual para a pregação. Segundo Jordão da Saxônia, São Domingos captava informações por meio da "inteligência humilde do coração". Ele desejava que as vidas de seus seguidores pregassem tão eloquentemente quanto suas palavras. Por conseguinte, o estudo devia ser marcado pelo silêncio e pela meditação, fortalecido pela oração e pela penitência e sustentado por uma comunidade religiosa comprometida com a observância regular e a caridade fraterna.

São Domingos também não deixava de se certificar da preparação para a pregação. Os candidatos eram examinados cuidadosamente sobre sua aptidão, questionados sobre "a graça da pregação que receberam de Deus" e sobre sua qualidade de vida e seu grau de comprometimento (*Dist.* II, XX).

Sem dúvida, São Domingos era uma poderosa "luz do mundo" porque sua luz emanava da Palavra eterna de Deus, "uma luz que brilha nas trevas, uma luz que a escuridão não pode subjugar" (Jo 1,5). A era de São Domingos está muito distante da nossa, entretanto alguns aspectos de sua visão e seu espírito inspiram-nos hoje em dia tanto quanto inspiraram os seguidores de sua época. São eles: sua paixão pela verdade e pela pregação; seu testemunho em ação para o que proclamava com as palavras; sua integração entre estudo e espiritualidade; sua insistência para que os pregadores fossem bem preparados; seu respeito pela dignidade humana; seu amor e sua compaixão por todas as pessoas, até mesmo seus inimigos. Acima de tudo, ele demonstrou que podemos transformar as mentes e os corações dos outros somente amando-os e respeitando-os, tendo compaixão por eles.

A tradição dominicana reflete o desenvolvimento dinâmico das ideias e da espiritualidade dessa Ordem religiosa, suas culturas e estruturas ao longo dos séculos. Ela floresceu a partir das discussões intrínsecas à Ordem: por meio dos Capítulos Gerais e ensinamentos dos mestres da Ordem, da iluminação de santos, mártires e eruditos, das instituições acadêmicas. A contribuição de Tomás de Aquino a essa tradição é fundamental, tanto por ter dado estrutura acadêmica à visão de São Domingos quanto por ser o patrono da educação católica.

A tradição dominicana: Santo Tomás de Aquino

Poucos teólogos ou filósofos foram tão aclamados como Tomás de Aquino. Santo e gênio, destacou-se tanto por sua santidade quanto pela sabedoria. Seus livros são tão profundos que ocupam as prateleiras de toda biblioteca que se preze no mundo. Aqui refletiremos sobre um aspecto da vida dele que deve ter significado especial para os educadores: sua atividade como professor.

Desde que começou a lecionar na Paris de 1252 até encerrar as atividades em Nápoles em 1273, Aquino nunca deixou de estudar, lecionar e escrever. Ao saber que estava prestes a ser nomeado cardeal, ele rogou a Deus que lhe tirasse a vida antes disso, pois isso significava o fim do ensino. Deus ouviu suas preces! Em seus estudos e publicações, Tomás desenvolveu ou refinou uma série de temas que se tornaram características distintivas da educação dominicana, em especial da tradição de artes liberais.

Comentaremos quatro delas: a relação entre a fé e a razão, o papel da filosofia, a benevolência da criação e a metodologia do Aquinate.

A relação entre a fé e a razão

Em sua encíclica *Fides et ratio*, o Papa João Paulo II ressaltou as contribuições singulares de Tomás para as discussões sobre a integração da fé com a razão[9]. Aquino argumentava que a fé e a razão eram fontes de verdade distintas, porém inseparáveis, e que ambas mereciam respeito. A fé ilumina a razão, não a destrói. Por exemplo, a razão humana é capaz de desenvolver uma filosofia do ser humano de acordo com as normas da inquirição humana. No entanto, ao introduzir questionamentos sobre Deus, revelação, criação e redenção, a fé amplia o arcabouço e aprofunda a discussão, iluminando a mente para as possibilidades que transcendem a razão. Juntas, fé e razão podem talhar uma síntese que seja tanto fiel à fé quanto intelectualmente defensável. Aquino considerava fé e razão uníssonas na busca de toda verdade, fosse ela humana ou divina.

Aquino admitia que filosofia e teologia eram disciplinas distintas, porém suscetíveis à harmonização. A questão de Deus é um exemplo característico. Como filósofo, ele acreditava que a razão humana poderia desvendar certas verdades sobre a existência e a natureza de Deus[10]. Também acreditava que toda criação era chamada à existência pela palavra de Deus e tornava-se inteligível porque carregava a marca divina. Uma vez que "os céus proclamam a glória de Deus" (Sl 19,1), Aquino podia argumentar desde "as coisas que [Deus] criou" até o "poder eterno e a divindade" de Deus (Rm 1,19-20). Como um crente, Aquino também ouvia dentro de si a Palavra de Deus, o Filho eterno de Deus, por meio do qual tudo foi criado e em quem tudo encontrava sentido. No Jesus humano, Aquino foi muito além dos vestígios de divindade que descobriu na criação e pôde encarar a face de Deus.

Seguindo os ensinamentos de São Domingos, Aquino praticava a verdade que lecionava e sobre a qual escrevia. Fosse oriundo da fé ou da razão, o conhecimento não era uma verdade abstrata a ser compreendida

---

9 João Paulo II, *Fides et ratio*, n. 43-44.

10 Thomas Aquinas, OP, *Summa theologica*, Parte I, questão 2, artigos 1 e 2. Doravante as referências à *Summa* serão em forma abreviada.

intelectualmente, mas uma realidade a ser ponderada e vivida. Como em 1 João, ele "veio a conhecer a Palavra que é vida" (1Jo 1,1). Tal experiência íntima de Deus só pode ser atingida por aqueles que têm uma fé profunda e uma alma humilde para aceitar o chamado de Deus à conversão. Para Aquino, o cristianismo era uma forma de amor que tudo arriscava para seguir Jesus, uma forma de amor que o fazia debruçar-se sobre sua escrivaninha para estudar e escrever e ajoelhar-se perante a cruz.

Embora a conversão de Aquino tenha sido vitalícia, ela pode ter atingido seu pico na famosa experiência ocorrida enquanto ele rezava a Missa em 6 de dezembro de 1273. Ele emergiu desse incidente transformado, sem condição ou disposição de falar a respeito. Pode ter sido um encontro religioso tão poderoso com Deus que tudo o mais perdeu importância comparativamente. Ele nunca revelou o que aconteceu. Pressionado por uma explicação, disse apenas: "Tudo o que escrevi parece-me palha diante do que me foi revelado". Nunca mais ele voltaria a escrever ou ditar uma palavra.

O papel da filosofia

Dada a importância da razão, não surpreende que Aquino tenha abraçado a filosofia e o raciocínio filosófico. Nesse ponto, ele divergia de São Domingos, que fazia objeção a estudar as obras de filósofos pagãos. Aquino aceitava a verdade de qualquer fonte que fosse. Ele transformou muito da teologia ocidental por meio de *insights* filosóficos extraídos de eruditos gregos, árabes e judeus. Seu impacto sobre as tradições católica e dominicana é tão profundo que torna simplesmente impossível compreender qualquer uma delas sem a filosofia. Ela é necessária para a compreensão do ser humano e do comportamento humano e também para o desenvolvimento de uma abordagem sistemática à realidade. A unidade do ser humano preconizada por Aquino[11] está na essência da educação dominicana. A educação é abarcada não só pela mente, mas também pela pessoa como um todo. A integração das artes liberais com as disciplinas especializadas e a relação do crescimento espiritual e moral com o desenvolvimento intelectual brotam diretamente de uma filosofia educacional dirigida ao ser integral.

---

11 Aquinas, *Summa* I, q. 76.

A benevolência da criação

Aquino repercutiu a insistência de São Domingos no tocante à bondade do ser humano e de toda a realidade criada. Toda criação é virtuosa quando emana da mão de Deus[12], e os seres humanos são criados à imagem de Deus[13], abençoados pelo poder do conhecimento e pela liberdade do amor. Apesar de corrompido pelo pecado, o ser humano ainda retém a imagem de Deus, desfruta a habilidade de raciocinar, é capaz de viver com ética e aceita a recriação por meio da graça divina. Aquino tomou o ser humano à imagem de Deus como o ponto focal de sua teologia porque essa imagem era a fonte da dignidade humana, assim como mais tarde seria a base dos direitos humanos.

O legado de Aquino a respeito do ser humano à imagem de Deus e a benevolência da criação é longo e precioso. Por exemplo, dois dominicanos espanhóis, De Vittorio e Las Casas, apelaram à dignidade do ser humano para defender os direitos dos nativos americanos contra a exploração dos colonos. Em tempos modernos, a dignidade da pessoa e a benevolência da criação exercem enorme influência sobre questões como direitos humanos e o bem comum, vida e morte, fome e desabrigo, pobreza, saúde e meio ambiente.

Método

O método de Aquino foi importante para a educação dominicana. Na *Summa theologica* ele investigou a verdade fazendo perguntas sobre Deus e as doutrinas cristãs centrais. Ele morreu antes de completar a obra. Foi providencial a *Summa* permanecer incompleta, pois um método que buscou a verdade questionando os mistérios inexauríveis jamais poderia ser concluído. Seguindo a conduta de Aquino, cada geração de dominicanos deve continuar a tradição espiritual e intelectual de um modo adequado a seus próprios tempo e espaço. Cada geração é convocada a buscar a verdade por meio de seus próprios questionamentos sobre Deus e os mistérios da fé à luz dos "sinais" de seu tempo.

---

12 AQUINAS, *Summa* I, q. 5, a. 3.

13 AQUINAS, *Summa* I, q. 93.

A tradição das fronteiras

O Capítulo Geral de Ávila (1986) instigava os dominicanos a ministrar nas "fronteiras", compreendidas não como uma realidade espacial, mas como o limite exterior de uma tradição existente. São Domingos vivia intensamente nas fronteiras de seu tempo. Vivia em uma sociedade e uma Igreja que passavam por turbulência cultural e social. Ele fundou sua Ordem especificamente para lidar com a ameaça ao cristianismo imposta pela heresia albigense. No entanto, com base em sua experiência de pregação, mudou e expandiu as fronteiras de sua Ordem, deslocando-se para além de Toulouse até as fronteiras do cristianismo, partindo dos cristãos que sucumbiram à heresia e transcendendo-os para alcançar todas as pessoas. O Capítulo de Ávila identificou cinco fronteiras: vida e morte, humanidade e desumanidade, o cristianismo e as religiões do mundo, a experiência religiosa e as ideologias seculares, a tradição católica e outros cristãos. Capítulos subsequentes foram aprimorados com base nesse, estimulando o engajamento por meio de outras divisões, incluindo aquelas entre homens e mulheres, ricos e pobres[14].

Essa lista não é exaurível nem facilmente adaptável a uma missão educacional. Entretanto, embora não ditem o conteúdo de um programa educacional, as fronteiras podem moldar atitudes e reações. Elas sugerem que as questões mais prementes que se impõem à educação atualmente emergem de nosso contexto social e cultural mais amplo. Nesse sentido, os desafios correntes não são tanto as fronteiras *da* educação, mas *para* a educação. São Domingos identificou as necessidades espirituais do povo por meio da fé. Devemos fazer a mesma coisa. O Concílio Vaticano II ensinou que "a fé lança uma nova luz a tudo e dá a conhecer o pleno ideal que Deus tem para (todas as pessoas), assim guiando a mente para soluções que sejam plenamente humanas"[15]. Ao "ler os sinais dos tempos", descobriremos as "fronteiras" de nossa sociedade e as necessidades educacionais de nossos alunos.

A educação nas fronteiras atuais será marcada pela continuidade e pela mudança. A continuidade é crucial porque os educadores dominicanos deixam um legado intelectual e espiritual incrivelmente valioso enraizado em São Domingos. Se pretendem ser fiéis ao espírito e à visão dele e dos dominicanos que prosseguiram e ajudaram a moldar seu legado, homens e

---

14 Bologna, 1998, cap. 2; Providence, 2001, n. 79.

15 Paulo VI, *Gaudium et spes*, 1965, n. 11.

mulheres dominicanos devem adotar a história dominicana incorporando suas crenças e seus valores, seus *insights* e suas memórias. A mudança, contudo, é igualmente importante. Os dominicanos contemporâneos não podem meramente repetir o passado sem levar em conta nossa própria situação histórica e cultural. Nosso desafio educacional, portanto, consiste em "ler os sinais dos tempos", levando a riqueza de nossa tradição a se conectar com as questões que emergem de nossas fronteiras culturais em particular.

As ações educacionais dominicanas atuais vão diferir porque ministramos em diferentes fronteiras e educamos alunos com diferentes necessidades. Todos compartilham a filosofia da educação arraigada na tradição dominicana e por ela talhada. Alguns dominicanos, porém, podem selecionar aspectos específicos da tradição para atender a necessidades educacionais específicas de seus alunos. Da perspectiva da educação superior, cito Tomás de Aquino; de outras perspectivas educacionais, como arte, espiritualidade, lei canônica e assistência à saúde, outros dominicanos podem considerar o discernimento e os exemplos de diversos santos e eruditos dominicanos mais úteis a seus ministérios.

Ao aplicar nosso legado às fronteiras modernas, jamais devemos esquecer que não basta nelas educar. Os legados papais, pregando nas mesmas fronteiras de São Domingos, fracassaram porque seu estilo de vida não condizia com sua mensagem. A sóbria admoestação de São Domingos a seus seguidores de que o sucesso no ministério dependia da credibilidade de suas vidas aplica-se igualmente bem aos educadores dominicanos de hoje em dia. Apresentamos a seguir uma descrição sucinta de como o Providence College tenta incorporar a tradição dominicana intelectual e espiritual à sua missão educacional.

Providence College: artes liberais, católicas e dominicanas

Nesta versão abreviada de sua declaração de missão, o Providence College é

> Uma [...] instituição de educação superior católica, de artes liberais. Comprometida com o fomento da excelência acadêmica [...] o Providence College oferece uma variedade de oportunidades de crescimento intelectual, social, moral e espiritual [...] e cultiva ativamente

> os valores intelectuais, espirituais, éticos e estéticos no contexto da herança judeu-cristã. Esses valores são promovidos pela tradição inigualável da Ordem Dominicana.
>
> O Providence College [...] reconhece a unidade da família humana [...] desde seu único Criador [...] e encoraja o mais profundo respeito à dignidade, à liberdade e à igualdade essenciais de cada pessoa.

Essa instituição mantém seu compromisso com as artes liberais, apesar da difundida resistência social à própria ideia de artes liberais. Muitos na sociedade contemporânea reformulariam a questão tertuliana: "O que Atenas tem a ver com Jerusalém?", e perguntariam: "O que uma educação em artes liberais tem a ver com preparação de carreira, escolas de administração, universidades de pesquisa ou com enfrentar uma economia de mercado onde a educação não passa de uma *commodity*?". O Providence College oferece uma educação em artes liberais marcada tanto pela amplitude quanto pela profundidade, e evita a armadilha de confundir informação com aprendizagem ou certificação com educação. O currículo central provê a amplitude. Seu foco é o Programa de Desenvolvimento da Civilização Ocidental, uma abordagem de ensino em grupo que visa a educar os alunos sobre ideias, indivíduos e acontecimentos que contribuíram para moldar o mundo em que vivemos. Campos mais especializados de estudo nos programas de matérias específicas e acadêmicas suprem a profundidade.

O que o adjetivo "católico" acrescenta às artes liberais a ponto de diferenciar o Providence College? Em primeiro lugar, vale notar que a busca por excelência acadêmica é a moeda sonante. Em toda instituição acadêmica digna de seu nome, os estudos devem ser empreendidos, o conhecimento perseguido e a verdade buscada por interesse próprio. A missão de evangelização da Igreja é realizada pelo ensino, pela pesquisa e pela prestação de serviço. Entretanto, a evangelização não pode substituir o conhecimento. Se uma instituição acadêmica falha em sua função como academia, mina qualquer papel que os acadêmicos poderiam desempenhar na missão da Igreja. Pode muito bem aprofundar o preconceito já aceito por alguns de que conhecimento e crença, prática católica e universidade, fé e razão são termos contraditórios.

A identidade singular do Providence College como "católico" e "dominicano" é encontrada no testemunho de o que significa ser religioso em pensamentos, palavras e ações peculiares à academia. Não serve um simulacro de apoio. O Providence empenha-se para que seu caráter religioso permeie a vida e o trabalho no *campus*, refletindo uma filosofia educacional mais ampla do que acadêmica e uma compreensão de religião mais ampla do que um credo. Trata-se de uma instituição que terá sua credibilidade afetada se proclamar a "verdade" como lema mas se envolver em práticas enganosas, ou se proclamar que toda pessoa reflete a imagem de Deus mas tratar com desrespeito os membros da comunidade e outros. Ela dá sua contribuição católica distintiva ao ensino superior e à comunidade ao se comprometer na essência de sua missão com as dimensões filosóficas, teológicas, espirituais e morais das questões de que trata.

A forma específica que as artes liberais assumem no Providence College é influenciada pela filosofia dominicana da educação, que trata da pessoa como um todo. O currículo estimula atividades intelectuais, amplia perspectivas históricas e culturais, aprimora a capacidade de discernimento e o poder de discriminação, melhora habilidades analíticas e de comunicação e cria um amor por aprender que durará a vida toda. Entretanto, o conhecimento por si só não basta. Ele deve levar a escolhas morais virtuosas. O Providence College sempre buscou associar a transmissão de conhecimento ao desenvolvimento do caráter. Busca formandos que sejam instruídos e também moralmente aptos. A instituição acredita que influenciará os pensamentos e os valores de uma sociedade primordialmente talhando os *insights* e a moralidade de seus alunos.

Assim como a fé não pode ser dissociada da razão na tradição dominicana, não se pode separar a busca pela excelência acadêmica de seu caráter católico e dominicano. O Providence College "cultiva ativamente os valores intelectuais, espirituais, éticos e estéticos no contexto da herança judaico-cristã". Essa filosofia educacional deve ser uma experiência transformadora para os alunos. Ela associa excelência acadêmica a valores religiosos, *insights* da razão à influência da fé, desenvolvimento intelectual ao crescimento espiritual, maturidade psicológica à responsabilidade moral pelos outros, em especial os menos afortunados.

No entanto, devemos levar a sério a admoestação de São Domingos de que as vidas dos irmãos são um instrumento de pregação tão eloquente quanto suas palavras. Adotar uma filosofia educacional maravilhosa, um currículo excelente e metas de aprendizagem extraordinárias não bastará para criar uma experiência transformadora para os alunos. Se o currículo não ganhar vida em sala de aula, ele permanecerá estéril, incapaz de entusiasmar ou transformar. O corpo docente deve incorporar as ideias e os valores abarcados pelo currículo e comunicá-los aos alunos com dedicação e perícia, amor e compaixão. Ao tocar seus discípulos dessa maneira, eles moldam o que significa ser uma pessoa educada, como a excelência acadêmica e os valores espirituais podem se unir na busca da verdade e no auxílio aos outros.

Conclusão

Concluímos com duas histórias de nossas tradições clássica e religiosa. A primeira vem da *Odisseia* e conta a peregrinação do herói grego Ulisses na década que se seguiu à queda de Troia. A *Odisseia* narra as aventuras de Ulisses em sua viagem de volta à terra natal. Segundo uma interpretação, ele é impelido a retornar para casa porque está saudoso de todos e de tudo que conheceu em sua vida anterior. Ele regressa para um passado familiar e tranquilo, no qual se sentia seguro e à vontade.

A segunda história é a saga de Abraão, que vem de nossa tradição bíblica. Ele é convocado por Deus a deixar seu lar, seus amigos e ambientes familiares e até sua terra natal para sair em uma jornada sem segurança, mapa e nem mesmo um destino claro, guiado somente pela fé e pela promessa de Deus de descendentes tão numerosos quanto as estrelas no céu. Em cada parada da viagem, Abraão ergue um altar a Deus, refletindo sua crença de que Ele o acompanhava até mesmo em terras estranhas. Os altares também serviam de marcação para aqueles que o seguiam. Mas não era assim com Abraão. Os altares ficavam para trás; à frente, o caminho era inexplorado. Abraão entregou-se por inteiro e ia de um lugar a outro conduzido por uma voz interior que lhe dizia "parta daqui" e "vá para lá", guiado somente pela vaga promessa de "Eu lhe mostrarei o caminho". Trata-se de uma jornada, não de volta a um passado cômodo e seguro, mas rumo a um futuro desconhecido, ainda que promissor.

A tradição educacional dominicana combina aspectos de ambas as histórias. Como Ulisses, temos raízes no passado que moldam nossas identidades e nossos ministérios, influenciam nossas crenças e nossos valores.

Prezamos nossas raízes e nos nutrimos delas, mas não podemos viver no passado. Isso significaria coibir a tradição, tolhê-la de vitalidade, drená-la de esperança e reduzi-la a uma herança em vez de a uma fonte de vida. Como Abraão, somos portadores da promessa de moldar as mentes e os corações de nossos alunos. Arraigada na visão dominicana, essa promessa foi enriquecida por séculos de tradição, vivenciada nas fronteiras do presente, mas aberta ao futuro. Como educadores, temos o compromisso de guiar nossos discípulos em ambas as viagens: experimentar a profundidade e a riqueza incorporada a nossa tradição e expressa em nossas missões, e apreender a promessa e a possibilidade de um futuro distinto do passado, marcado pelo espírito de São Domingos, porém carregado com suas próprias lembranças e tradições especiais.

Cada jornada educacional vai diferir da outra, dependendo de missões específicas. Entretanto, toda educação dominicana deve ser marcada pela busca da excelência acadêmica, pela fidelidade a nossas tradições intelectuais e espirituais e pela preocupação por aqueles na sociedade em que labutamos. Acima de tudo, devemos ser conhecidos por acalentar nossos alunos, fomentar seu amor pelo conhecimento, compartilhar seus sonhos, desenvolver seu caráter e moldar suas esperanças. Não precisamos temer o futuro ou as ameaças que podem surgir de nossas fronteiras. O Deus que inspirou a fundação de nossa Ordem e que zelou por ela nos momentos difíceis ao longo dos séculos ainda reside em nosso meio e nos sustentará no futuro. Concluímos com uma citação do poeta senegalês Baba Dioun, que resume belamente nossa filosofia de aprendizagem e ensino:

> No final
> Conservaremos somente o que amamos
> Amaremos somente o que entendemos
> E compreenderemos somente aquilo que nos ensinaram.

Alberto, o Grande, como educador

Walter Senner, OP

"Qual águia que desperta a ninhada voando sobre os filhotes."

Deuteronômio 32,11, Vulgata

As pessoas na história chamadas de "Grande" foram papas notáveis (Gregório, o Grande; Leão, o Grande), imperadores (Carlos Magno), uma imperatriz (Catarina, a Grande) ou reis. Alberto de Lauingen (Danúbio), dominicano do século XIII, é chamado "o Grande" por suas proezas intelectuais – combinando de modo raro um trabalho científico inovador com uma habilidosa resolução de conflitos políticos, dando sugestões para situações em que ambas as partes saem ganhando o máximo possível naquilo que lhes é essencial. Apropriadamente caracterizado como "um aluno onívoro"[1], honrado pelo título *Doctor Universalis*, raramente houve alguém tão instruído em quase toda disciplina científica e tão ousado na introdução de novos paradigmas também. Ele não tinha receio de explorar e integrar uma visão científica do mundo, tida por cristãos tradicionais como uma ameaça à fé, a uma teologia de acordo com padrões científicos. Pregador e professor acadêmico ardoroso e inspirador, Santo Alberto fez uma

1 Simon Tugwell (Ed.), Albert: Introduction, in *Albert and Thomas: Selected Writings*, ed. Simon Tugwell, New York, Paulist Press, 1988, 3-129 (30) (*Classics of Western Spirituality*). Essa Introdução, assim como The Life and Work of Albert the Great, de James Weisheipl, in *Albertus Magnus and the Sciences: Commemorative Essays, 1980*, ed. J. Weisheipl, Toronto, 1980, 13-51 (*Studies and Texts* 49), são pesquisas inglesas recomendadas. Mais recente: Ingrid Craemer-Ruegenberg: *Albertus Magnus*, 2. ed. retrab. Henryk Anzulewicz, Leipzig, 2004 (*Dominikanische Quellen und Zeugnisse* 4). Meu cordial agradecimento ao professor Frei Luke Buckles, OP, Roma, por revisar este texto e por suas úteis sugestões.

preleção para alunos de teologia da Universidade de Paris[2] e, pela primeira vez, para alunos dominicanos em Colônia e muitos outros lugares, sendo bastante exigente, encorajando pupilos talentosos e dando exemplo como um frei pessoalmente piedoso e humilde, que, mesmo como bispo, preferia caminhar (longas distâncias) a andar a cavalo.

A pedagogia – na época, ainda não uma ciência propriamente dita – foi um dos raros campos que ele não tratou em sua grande série enciclopédica de comentários e tratados de todas as disciplinas filosóficas e ciências da natureza. Entretanto, temos não somente testemunhos de seus alunos, mas também um considerável número de observações sobre educação e aprendizagem espalhadas por suas obras.

Já no trabalho preservado mais antigo de Alberto, *De natura boni*, datado de antes de sua ida a Paris, provavelmente quando era *lector* no priorado dominicano de Regensburg[3], temos uma passagem sobre aprendizagem. O benefício da virtude política, isto é, na vida social, depende das circunstâncias, entre as quais está *victus*, o modo de vida. Baseando-se em Cícero e citando amplos exemplos da Bíblia, Santo Alberto relaciona os fatores que determinam o estilo de vida. Em segundo lugar (entre nove) vem: "de que maneira e com base em quais critérios alguém foi educado"[4]. Três citações bíblicas ilustram os perigos das influências negativas: buscar aconselhamento com pessoas conhecidas porém inexperientes (2Cr 10,8-11); pessoas criadas por outra de má índole tornam-se ainda piores (1Mac 1,7 – de acordo com a Vulgata); aquele que foi educado na luxúria (*in deliciis*) não será capaz de suportar dificuldades (Lm 4,5). Como um terceiro fator, Alberto cita "quem [a pessoa educada] teve como professores da vida"[5]. A influência positiva que um mestre virtuoso pode exercer sobre todo o modo de vida do discípulo é mostrada por Lucas 6,40 e confirmada por São Paulo (At 22; 1Cor 4,16; 1Cor 8,5-6).

---

2 Ainda que Rudolphus de Novimago (*Legenda Alberti Magni*, Köln, Koehhoff 1490 [H*11915, fol 6r]) dizer que o local onde ele palestrou não comportava todos os que queriam ouvi-lo possa ser um exagero, Alberto deve ter causado forte impressão em seus alunos.

3 Albertus Magnus, *De nature boni*, ed. Ephrem Filthaut; Alberti Magni, *Opera omnia*, Münster Wf (Editio Coloniensis, cit.: Ed. Colon.], 1974, t. XXV,1, VIa.

4 "Quo more et quo arbitrio sit educatus" (*De natura boni*, tr. II, pars 2, c 1, § 3,1,3, Ed. Colon. XXV,1, 20,73 s.); cf. Marcus Tullius Cicero, *De inventione*, 1. I, c. 25, n. 35; Id., *Opera rhetorica* I, Padova, 1968, 32 (*Scriptorum Romanorum quae extant omnia* 106-107).

5 "Quo habuerit vivendi praeceptores" (*De natura boni*, tr. II, pars 2, c 1, § 3,1,3, Ed. Colon. XXV,1, 20,73 s.); cf. Cicero, loc. cit.

Na série de obras que Alberto compôs durante o período em que foi mestre de teologia em Paris, *De bono* (*Sobre o bem*) ocupa um lugar proeminente[6]. Discutindo-se a prudência, é questionado se – além dos aspectos listados por Macrobius – *docilitas* (disposição para aprender)[7], de acordo com Provérbios 1,2-3 também, entre outros, *eruditio* (instrução), *astutia* (astúcia), *scientia* ([não somente] conhecimento) e *disciplina* (aprendizagem metódica) seriam partes dessa virtude[8]. A resposta negativa contém, todavia, alguns pontos interessantes: embora *eruditio* signifique geralmente o processo de aprendizagem limitado à apropriação do que é conhecível, Alberto tem um conceito mais integrado em mente. Para ele, *eruditio* trata não só de aprender sobre o humano e o divino, mas também de aprender habilidades sociais e religiosas para uma interação prudente[9] – educação integrada. *Scientia* divide-se em: (1) conhecimento especulativo, visando à verdade pelo conhecimento das causas[10]; (2) racionalidade "técnica", conhecimento de como fazer, em oposição a sabedoria[11]; (3) a dádiva do Espírito Santo, que se pode ter por graça[12]; e (4) conhecimento, aquilo que se sabe pela razão, seja especulativo, seja prático[13].

Disciplina divide-se em (A) especulativa, que pode (A1) ser aceita a partir da aprendizagem de outra pessoa ou (A2) descoberta pelo discípulo raciocinando a partir de princípios – evidentes ou conhecidos de outra

6 Henryk Anzulewicz, *De forma resultante in speculo: Die theologische Relevanz des Bildbegriffs und des Spiegelbildmodells in den Frühwerken des Albertus Magnus*, Münster Wf, 1999, I, 13 s. (*Beiträge zur Geschichte der Philosophie und Theologie* NF 53,1).

7 Tr. IV, q. 2, a. 5, arg. 4: Ed. Colon., t XXVIII (1951), 254, 49-54.

8 Tr. IV, q. 2, a. 5, arg. 6-9: 254, 61-255, 23.

9 "Eruditio dicat acceptionem prudentiae tam divinae quam humanae secundum comparationem ad id unde vel ex quo movetur ignorans accipiens scientiam, hoc enim est rude tam respectu civilitatis quam respectu divinorum" (Tr. IV, q. 2, a. 5, resp. 6: 256, 46-50).

10 "Quandoque enim [scientia] dicit habitum speculativum cuius finis proximus est verum… cum causam eius cognoscimus" (Tr. IV, q. 2, a. 5, resp. 8: 256, 62-68).

11 "Scientia, proutab Augustino dividitur contra sapientiam, et est habitus partis inferioris rationis regens in opere ex consideratione rationum temporalium ad vitam pertinentium" (Tr. IV, q. 2, a. 5, resp. 8: 256, 69-73).

12 "Tertio modo dicitur scientia, prout est donum, ettunc est habitus infusus" (Tr. IV, q. 2, a. 5, resp. 8: 256, 79-80).

13 "Quarto modo dicitur scientia iterum id quod ex ratione est determinatum, sive sit speculativum sive practicum" (Tr. IV, q. 2, a. 5, resp. 8: 256, 82-84).

maneira[14]. O segundo uso de *disciplina* (B), na prática ou na ciência moral, porém, não diz respeito a um conhecimento teórico, mas ou (B1) genericamente a "como se comportar e agir de modo decente"[15] ou (B2) especificamente a "castigando[-os], como os meninos aceitam *disciplinam*"[15] [isto é, aprender algo] – sendo o aprender pelo terror um método pedagógico inconteste até bem recentemente. Neste ponto, testemunhamos a sagacidade de Santo Alberto em levar em conta uma ampla gama de fenômenos, seu senso escolástico para estruturá-los – e uma de suas limitações como um homem de seu tempo.

Alberto compôs sua gigantesca "enciclopédia" filosófica estendendo-se por todas as disciplinas de caráter natural – muito mais profundamente do que as obras de Aristóteles, por exigência de seus frades, a fim de que fosse útil a eles e a todos que quisessem aprender *scientia naturalis*[17]. Ele segue Aristóteles em grande parte, mais parafraseando seu texto do que reproduzindo-o literalmente. Essa enciclopédia, por mais desejada que fosse por alguns dominicanos, foi criticada por outros como fora de propósito para um frade pregador – tanto que, em resposta, Alberto encontrou palavras dramáticas no epílogo da *Política* de Aristóteles, para a conclusão da enciclopédia:

> Aristóteles não expressa a própria opinião, mas relata como as pessoas organizavam seus estados. Eu também não digo nada [sobre o que penso], mas explico o que é dito, expondo suas razões e causas. Desse modo, em todos os livros, eu nunca expressei o que penso, mas expliquei

---

14 "... generalis docens decentiam in omnibus operabilibus ad vitam pertinentibus" (Tr. IV, q. 2, a. 5, resp. 9: 257, 4 s.).

15 "... specialis per flagellum, sicut pueri accipiunt disciplinam" (loc. cit.: 257, 7s.).

16 Loc. cit.: 256, 88-95.

17 "Intentio mostra in scientia naturali est satisfacere pro nostra possibilitate fratribus ordinis nostri nos rogantibus ex pluribus iam praecedentibus annis, ut talem librum de physicis eis componenremus, in quo et scientiam naturalem perfectam haberent et ex quo libros Aristotelis competenter intelligere possent. Ad quod opus licet non suficientes nos reputemos, tamen precibus Fratrum deesse non valentes, post quam multotiens abnuimus, tandem annuimus et suscepimus devicti precibus aliquorum ad laudem primo dei omnipotentis, qui fons est sapientiae et naturae sator et institutor et rector, et ad utilitatem Fratrum, et per consequens omnium in eo legentium et desiderantium adipisci scientiam naturalem" (Albertus Magnus, *Physica*, 1. I, tr. 1, c. 1: Ed. Colon., v. IV,1 (1987), 1, 9-22.

> as opiniões dos aristotélicos com o máximo de precisão. E digo isso por causa de alguns indolentes (pessoas/frades) que, buscando consolação para sua estupidez, procuram nas obras apenas motivos de objeção. E, como tais, [as pessoas] são tão parvas quanto bovinas [literalmente: mugem de estupidez]; para que não pareçam mugir sozinhas, elas tentam culpar os eleitos. Tais pessoas mataram Sócrates, afugentaram Platão de Atenas e forçaram até mesmo Aristóteles ao exílio com suas intrigas. Elas estão na comunidade de estudos como a bile no corpo [...] por isso, nos estudos, sempre há homens amargos, que tentam trazer amargor a tudo – mas [os outros] não cedem e não desistem de buscar a verdade na delicadeza da [boa] companhia[18].

Este texto mostra que ainda havia inimigos da filosofia na ordem dominicana, bem como uma comunidade científica em torno de Alberto Magno, que lhe era um amparo e uma alegria.

Não somente a ciência de autores clássicos, mas também muita observação própria pode ser encontrada no livro sobre animais que faz parte da enciclopédia. Nesse contexto, que não é teológico, surge uma questão instigada pela citação bíblica "sua juventude se renova como a águia" (Sl 103,5) – mas sem referência explícita a "Pode a juventude ser renovada?"[19]. A resposta demonstra observação da natureza, mas nenhum interesse pedagógico: "Pássaros velhos perdem as penas, mas ganham novas em quantidade limitada, que faz que pareçam renovados"[20]. Ele se interessa mais pelas diferentes

18 "Nec Aristoteles dicit de se hoc, sed recitat qualiter tales gentes politias suas ordinaverunt. Nec ego dixi aliquid in isto libro, nisi exponendo quae dicta sunt, et rationes et causas adhibendo. Sicut enim in omnibus libris physicis numquam de meo dixi aliquid, sed opiniones Peripateticorum quanto fidelius potui exposui. Et hoc dico propter quosdam inertes, qui solatium suae inertiae quaerentes, nihil quaerunt in scriptis, nisi quod reprehendant: et cum tales sint torpentes in inertia, ne soli torpentes videantur, quaerunt ponere maculam in electis. Tales Socratem occiderunt, Platonem de Athenis in Academiam fugaverunt, im Aristotelem machinantes etiam eum exire compulerunt... Qui in communicatione studii sunt, quod hepar in corpore... ita in studio semper sunt quidam amarissimi et fellei viri, qui omnes alios convertunt in amaritudinem, nec sinunt eos in dulcedine societatis quaerere veritatem" (ALBERTUS MAGNUS, *Politica* 1 VIII, c. 6: *Opera omnia*, ed. Auguste Borgnet, Paris, 1891, v. VIII, 803 s. (cit.: Ed. Paris).

19 "Utrum iuventus possit renovari?" (*Quaestiones super de animalibus* 1 VII, q. 29: Ed. Colon. t. XII (1955), 184, 60-74.

20 Loc. cit., 184, 69-72.

maneiras com as quais se pode obter progresso em *scientia*, conhecimento e ciência. Há um duplo progresso no que tange (A) ao assunto em questão e (B) à pessoa que aprende. Cada ciência possui (A1) seus fundamentos e (A2) suas conclusões, que são extraídas identificando-se as causas que as ligam aos elementos básicos. Esse conhecimento deve ser transmitido aos aprendizes *narrando,* contando-lhes, que é (B1) tarefa dos professores transmitir a ciência de modo compreensível, ao passo que (B2) a tarefa dos aprendizes é fazer perguntas quando têm dúvidas[21]. Aprender, portanto, não é apenas receber passivamente, mas um processo ativo de apropriação. Trata-se de uma das habilidades mais admiráveis dos seres humanos; em especial, "quando as crianças aprendem, nelas resplandece a habilidade artística do primeiro criador"[22].

A paráfrase da *Política* de Aristóteles conclui a enciclopédia filosófica. Santo Alberto segue o texto à risca, como havia declarado, e não podemos tomar isso como sua concordância com todo o teor. Isso é válido também para o que se diz sobre a pedagogia no contexto da *polis* grega (1 VII, 14–VIII), que não se encaixa na situação vivenciada por ele em seu próprio tempo. Uma notável exceção ocorre quando, comentando sobre Aristóteles (que, por sua vez, se refere a Sócrates): "Há alguns que não podem ser disciplinados e convertidos em homens estudiosos [sic]"[23], e relacionando a causa disso à "natureza" – inexistente na tradução latina que ele usou – como no texto original de Aristóteles, Alberto refere-se em seu comentário às condições astrológicas que determinam esse fato, de acordo com a tradição

21 "Dicendum quod duplex est processus in scientia. Et hoc manifestum est ex parte rei et ex parte nostra. Ex parte rei, quia in qualibet sicentia supponitur aliquid tamquam fundamentum scientiae, et ex isto in sequentibus (vel) consequentium causae assignantur; sed suppositions non traduntur nisi narrando, sed conclusions consequentes traduntur causas assignando: ergo etc. Ex parte nostra requiritur uterque processus, quia ad docentem pertinet narrare et ad discentem, cum dubitat, causas quaerere" (*Quaestiones super de animalibus* 1 XI, q. 1, sol.: 220, 36-45).

22 "... notitia talium [animalium] et inquisitivo admirabiles nobis delectationes exhibit... sicut in pueris addiscentibus, quia in eis reluct artificium primi creatoris, sicut opus statuifici relucet in statua et fabri in cutelo et medici in conservando sanum et curando aegrotum" (*Quaestiones super de animalibus* 1 XI, q. 9, sol.: 223, 59-64).

23 Aristóteles, *Política* V,12: 1316a 8, citando Platão, República VIII, 546b-c. Na tradução que Alberto usou, V,9: "Contingit enim esse aliquos, quos disciplinari et fieri studiosos viros impossible est". Albertus Magnus: *Commentarii in octo libros Politicorum Aristotelis* 1 V, c. 9: Ed. Paris t. VIII (1891), 546a.

arábica, mas não considera que más índoles levem a uma vida viciosa: *insight* e força de vontade podem superar isso[24].

Em seus comentários bíblicos, Alberto Magno, usando abundantemente a exposição alegórica, é mais original – e às vezes bastante franco ao criticar abusos, como maus professores e prelados que não se empenhavam em libertar aqueles que lhes eram confiados da ignorância e do erro[25]. Permanece ambíguo se jovens teriam condições de receber a sabedoria divina nessa idade[26] ou não[27].

As observações pedagógicas apresentadas até aqui são casuais. Os comentários de Santo Alberto sobre os evangelhos de São Mateus, São Lucas e São João, em que ele dedica muita atenção a Jesus instruindo seus discípulos, podem ser lidos como um *ratio formationis*, um currículo de educação apostólica[28]. O que é característico não são as alusões psicológicas ou técnicas, que também são oferecidas, mas é o caminho para e com Cristo. Cristo é o mestre – na época de Alberto, o título de um professor pleno. Cristo é o modelo, de quem aprendemos como prosseguir no discipulado e como lecionar. Embora o *Super Lucam* seja o comentário mais desenvolvido, o *Super Matthaeum* é o mais indicado para uma análise, pois temos inclusive um autógrafo, um manuscrito de próprio punho preservado nos arquivos históricos da cidade de Colônia, e há uma edição crítica do texto, que ainda falta aos demais[29].

---

24 "... scilicet secundum dispositionem stellarum, et non simpliciter... [Hippocrates:] ad pessima enim dispositus sum: sed quia vidi hoc turpe esse, ex anima transtuli me ad bon" (in ibid., 550b).

25 "Frenum autem erroris... quod a malis doctoribus et praelatis ad errorem trahebatur et in errore tenebatur" (*Postilla super Isaiam* 20, 28: Ed. Colon., t XIX (1952), 340, 52-55).

26 "Tales enim iuvenes canae mentis sunt, quamvis aetate aliquandom sunt imbeciles" (*Postilla super Ieremiam* [Fragment] 1, 8 [A,a,a]: Ed. Colon., t XIX [1952], 636, 20 s.). Alberto parece ter extraído o raro adjetivo "canus, -a, -um" (grisalho, sábio) da versão latina do *Timeu* de Platão: cf. Ed. Colon., loc. cit., & 49, 84. "Tamen quia puer est a puritate dictus, spiritui divino magis est aptus" (Is 8,18: op. cit., 636, 44-46).

27 "Puer enim esse non potest, quem deus sua sapientia imbuit" (loc. cit., 636, 49-50).

28 Manfred Entrich, *Die Bergpredigt als Ausbildungsordnung: der katechetische Entwurf einer "ratio formationis" bei Albert dem Großen*, Würzburg, 1992.

29 Historisches Archiv der Stadt Köln, Cod W 259. Albertus Magnus, *Super Matthaeum*, ed. Bernhardus Schmidt, Münster, Wf, 1987 (Ed. Colon., t XXI, 1+2).

O Sermão da Montanha ocupa um espaço central na instrução de Jesus a seus discípulos, é o ponto de partida de sua formação, que se compõe de duas partes: (1) a introdução à santidade da vida (cap. 5–9) e (2) a instrução dos ministros para orientação da igreja (cap. 10–25)[30]. A primeira parte contém (1.1: cap. 5–7) a instrução propriamente dita e (1.2: cap. 8– 9) o teste da formação[31], que deve se tornar não somente "informação" no significado moderno da palavra, mas a forma de vida que se prova capaz de suportar dificuldades e infortúnios.

A presença das massas, que anseiam por ouvi-lo, incita Jesus a pregar. A pregação é tão natural para o pregador, quando ele está diante do povo que quer ouvi-lo, quanto correr é para um cavalo diante de vastas planícies[32]. As poucas palavras "[1] e quando ele se assentou [2] seus discípulos aproximaram-se dele [3] e ele abriu a boca para lhes ensinar" (Mt 5,1b-2) dão origem a três considerações sobre (1) a disposição do professor, (2) a dos ouvintes e (3) o que é ensinado. (1) Sentar-se é apropriado ao ensino, por combinar a paz, que não se teria em pé, com a concentração, que se perderia ao deitar-se[33]. (2) Os ouvintes estão próximos, "o que deve ser entendido não somente em relação ao espaço, mas também ao [desejo de] adquirir a doutrina e ao amor pelo mestre"[34]. (3) Ensinar algo "grande e sutil" demanda introduzi-lo e explicá-lo de um modo compreensível e não entediante, bem como um profundo conhecimento aliado a uma identificação com ele. Para isso, não basta usar as palavras de outrem, devem vir da própria boca e compreensão do professor[35].

30 "Hic incipit instructio et illuminatio pertinens ad informationem regenerandorum. Est autem haec informatio duplex: una quidem pertinens ad vitae sanctitatem et alia pertinens ad ministrorum eruditionem quantum ad regimen ecclesiasticum" (*Super Matthaeum*, ad 5,1: Ed. Colon., t XXI,1, 101, 1-8).

31 Loc. cit., 101, 19-22.

32 "... sicut equus videns planos campos incitatur ad currendum, quod est usus equi, ita praedicator videns aulas plenas populorum desiderantium audire excitatur ad praedicandum. Sic ergo et dominus videns turbas cum devotione desiderantes verbum audire excitabatur in montem ascendere; excitt enim auditor studium" (loc. cit., 101, 55-62).

33 Loc. cit., 102, 26-40.

34 "Ecce audientium propinquitas. Et est intelligenda non tam loco quam imitatione doctrinae et affectu dilectionis magistri" (loc. cit., 102, 53-55).

35 "Et videtur tria tangere, quae sunt necessaria ad subtilium reserationem. Quorum primum est apertio explanans, secundum officium oris in eloquentia, et tertium facultas ex propria sapientia" (op. cit., ad 5, 2a: 102, 73-77).

A doutrina não é algo "extínseco" ao aprendiz; o autêntico professor prepara seu aluno para descobrir o que há em si mesmo (como seu mais profundo desejo) de verdadeiro e virtuoso[36].

No cerne do Sermão da Montanha estão as oito bem-aventuranças. Alberto Magno explica cada uma delas sob três aspectos: "[1] Louvor à [respectiva] bem-aventurança, [2] o mérito em que a bem-aventurança consiste e [3] a parte da [celestial] recompensa a fim de que possa ser mais buscada"[37]. Como observa Manfred Entrich, isso pode ser visto como o tripé pedagógico de "meta–método–motivação [...] não somente para cada disciplina, mas para todo o projeto de vida [do discípulo]"[38]. Como meta, nem virtude (*virtus*) nem somente felicidade (*felicitas*) bastam, pois apenas a bem-aventurança (*beatitudo*), além de qualquer limite e qualquer obstáculo, pode realmente satisfazer o ser humano[39]. Portanto, a bem-aventurança é compreendida em um sentido geral que abarca o sentido especial de cada uma das oito bem-aventuranças no Sermão da Montanha, representando o melhor que se pode alcançar[40]. "Bem-aventurados os pobres de espírito" contém, assim, um importante pressuposto para a aprendizagem: somente aquele que não está tomado pelo espírito de impertinência e arrogância, mas possui o espírito da pobreza – percebe sua insuficiência –, é capaz de aprender[41].

Santo Alberto oferece uma exposição bastante peculiar da terceira bem-aventurança[42]. A mansidão, segundo ele, possui três graus: "[1] Manso é aquele que, quando provocado, até mesmo perturbado, não se desvia da linha da razão, de modo a não fazer nada errado nem provocar o outro.

36 "Doctrinalia enim sunt, quae secundum rationalem mentem in nobis aliquot modo subsistent, quae etiam si nemo doceret, mens rationalis illa vera bona diceret et utilia ad vitam, sicut humilitas, mansuetudo etc." (loc. cit., 103, 7-12). Tomás de Aquino desenvolverá o tema de *desiderium naturale*, o anseio por Deus e a bondade nos seres humanos.

37 *Super Matthaeum*, ad 5,3: 103,19 s.

38 M. Entrich: *Die Bergpredigt...*, 48 s.

39 *Super Matthaeum*, ad 5,3: 103,22-104,58.

40 Loc. cit., 104,59-62.

41 Loc. cit., 105,9-106,4. Um pensamento semelhante inspirou Georg Wilhelm Friedrich Hegel a desenvolver sua dialética de mestre e escravo, o escravo (antítese) tomando a iniciativa por um *insight* mais profundo ("Anfang der Weisheit") e com isso gerando uma nova síntese, ao passo que o mestre julga-se autossuficiente. Hegel, *Phänomenologie des Geistes*, B IV A, ed. Johannes Hoffmeister, Hamburg, 1927, 146-150 (*Philosophische Bibliothek* 114).

42 M. Entrich, *Die Bergpredigt...*, 127-130.

Essa mansidão é uma virtude. [2] Manso também é aquele que nem provoca [os outros] nem se perturba quando provocado. Essa mansidão é uma virtude heroica e de boa estirpe (*herilis* = pertencente à senhora/ao senhor da casa) – que não pode ser demovida de sua altivez espiritual por um senso de perturbação"[43]. [3] "O terceiro [grau] de mansidão é quando alguém reage não só claramente sobre algo ruim que o tocou, mas suavemente, assim como a tudo o mais"[44].

Isso é ilustrado com uma comparação: uma mão tocada com força com [a] algo pontiagudo será ferida. Tocada por [b1] algo duro e plano sofre resistência, mas não ferimento. Se tocada por [b2] algo suave não há nem resistência nem ferimento, mas também nenhuma penetração; a suavidade simplesmente cederá. Mergulhada [b3] em algum líquido, porém, ele envolverá a mão. Da mesma forma, [a] os não mansos serão feridos. O [b1] manso de primeiro grau resistirá ao ferimento e não machucará (o agressor). O [b2] manso de segundo grau receberá (o agressor) gentilmente, mas não pode ser tocado profundamente, visto que cede.

No Evangelho "é chamado [b3] manso aquele que é tão repleto de piedade (*pietas*) que ser tocado por algo prejudicial afeta-o profundamente, pode tomar seus pertences ou sua vida sem resistência. [Esse manso] vai até reagir com a *pietas* da bênção e da observância [...] abrandando [o agressor] para que sinta *pietas* de si mesmo"[45].

43 "Mitis enim est, qui provocatus, etsi turbatur, tamen non abducitur a mentis ratione, ut aliquid perperam agat, nec alium provocat. Et haec militas est virtus. Est etiam mitis nec provocans nec provocatus sentiens aliquam turbationem. Et haec est mititas quase est animi purgati virtus quasi heroica vel herilis, ab altitudine animi sui per sensum turbationis non inclinata" (*Super Matthaeum*, ad 5,4, Ed. Colon., t XXI,1, 106,71-79).

44 "Tertia mansuetudo sive mititas est, quando ad omnia se in malo aliquot tangentia invenitur non solum planus, sed mollis, et quaecumque tangit, non nisi molliter tangit" (loc. cit., 107,1-4). Seria interessante investigar um pouco mais em detalhe até que ponto isso pode ter sido um estímulo para Meister Eckhart desenvolver seu conceito de Gelazenheit – traduzido imperfeitamente em inglês como detachment [afastamento].

45 "Sed mitis hic dictus est, qui tanto spiritu pietatis infunditur, quod tactus a necente statim locum dat, ut in profundum tangat, vitam et res, si vult, auferat, nihil contra faciens, sed etiam pietatem benedictionis et obsequiire pendens... sic humore pietatis etiam tangentibus adhaeret, ut eos ad pietatem remolliat" (loc. cit., 107,29-33 + 35 s.). Isso evoca o conceito de não violência de Mahatma Ghandi e Martin Luther King, pelo qual eles esperavam mostrar ao violento agressor sua desumanidade e convertê-lo a um comportamento mais humano.

O cenário apresentado por Alberto Magno para a instrução dos apóstolos – a educação eclesiástica – pela liderança na Igreja foi descrito pelos estágios da vocação, formação e seguimento. Isso foi explorado de modo abrangente por Manfred Entrich, por isso não será tratado aqui em detalhes[46]. Da mesma forma, neste breve estudo o tema da experiência mística e sua teologia, exposto por Alberto Magno extensivamente em suas explicações sobre o *Corpus Dionysiacum*, tem de ser omitido. A hesitação recente de eruditos em explorar esse campo deve-se não somente a uma percepção seletiva de alguns deles, que veem no *Doctor Universalis* somente o filósofo, mas também sua complexidade[47].

Em seu comentário do evangelho segundo São Lucas, Santo Alberto frequentemente apresenta suas mais desenvolvidas reflexões sobre a Escritura e os temas nela contidos. Expondo Lucas 5,3 – o sermão de Jesus do barco de São Pedro, que simboliza a Igreja[48] –, ele toma as palavras "afastando-se um pouco da terra" como uma oportunidade para refletir sobre seu sentido místico. Tomando o significado de "terra" como aquilo com que as pessoas estão acostumadas no dia a dia, Alberto encontra uma mensagem tríplice nessa frase: (1) "um novo ouvinte não consegue ainda compreender o ensino profundo e, portanto, compreende melhor o que é dito à semelhança de sua experiência cotidiana e, assim, o assimila mais facilmente"[49]. (2) "Ao lidar com isso [...] não se deve impor-lhes obrigações penosas, porém fáceis, e eles as cumprirão com mais facilidade"[50]. (3) "Não deve haver uma ruptura radical súbita com objetos de sua afeição, mas um uso ordeiro"[51].

---

46 M. Entrich, *Die Bergpredigt...*, espec. *Vocatio*, 97-110, *Informatio*, 116-155, *Imitatio*, 252-263.

47 Walter Senner (Ed.), Vorwort, in *Albertus Magnus: Zum Gedenken nach 800 Jahren: Neue Zugänge, Aspekte und Perspektiven*, Berlin, 2001, xii (*Quellen und Forschungenzur Geschichte des Dominikanerordens* NF 10). De especial interesse para o tema da educação espiritual nesta obra: Pablo C. Sicouly: Gebet als "instrumentum theologie": Zu einer Aussage Alberts des Großen in seinem Kommentar zu Ps-Dionysius' De divinis nominibus, op. cit., 619-631.

48 *Enarrationes in Evangelium Lucae*, ad 5,3: Ed. Paris, t. XXII (1894). 360b.

49 "... novellas auditor profunda non intelligit, sede a que juxta terrenas similitudines dicuntur melius sapit" (loc. cit., 361a).

50 "In conversatione autem: quia talibus non sunt imponenda gravia sed levia, non multum a conversatione civili elongate: et tunc melius portant" (ibid.).

51 "In affctu autem carnali iterum non longe sunt removendi quin relinguantur eis temporalia, et ordinetur dispensation" (ibid.).

Alberto Magno esboça tal introdução gradual a uma compreensão e uma prática mais aprofundadas da vida espiritual com uma bela imagem do Deuteronômio na versão latina da Vulgata: o mestre espiritual deve ser "Qual águia que desperta a ninhada voando sobre os filhotes"[52]. Também em seu próprio ensinamento esse era o objetivo de Alberto: capacitar seus alunos a obter *insight* e a experimentar a alegria da verdade e da fé por si mesmos. Sem dúvida, Alberto é um homem do século XIII, o que ele pensa e recomenda sobre questões de educação e formação científica bem como espiritual não pode ser visto como diretrizes prontas para o nosso tempo. Mas ele nos apresenta visões dignas de reflexão e nos encoraja a "buscar a verdade na delicadeza da companhia [dominicana]"[53].

52 "Sicut aquila provocans ad volandum pullos suos et super eos volitans" (Dt 32,11; Albertus Magnus, *Enarrationes in Evangelium Lucae*, ad 5,3, 361b; não reconhecida como uma citação bíblica pelo editor).

53 Albertus Magnus, *Politica*, l. VIII, c. 6; Ed. Paris, v. VIII (1891), 803 s. Como citado acima em nossa nota 18, na página 43.

A ação curativa do ensino: Tomás de Aquino e a educação

Vivian Boland, OP

Dominicanos de certa idade estarão familiarizados com a expressão *sana doctrina* e saberão que era usada regularmente para o ensino de Tomás de Aquino (1225-1274). Costuma ser traduzida para o inglês como *sound doctrine* [doutrina sã], mas também poderia ser traduzida como *healthy teaching* [ensino saudável]. Tomás acreditava que Jesus de Nazaré era o mais esplêndido dos mestres[1]. Sua compaixão pelos fustigados e abatidos levou-o a ensinar-lhes muitas coisas[2]. Ao longo de sua obra de alimentar os famintos, curar os doentes e expulsar demônios, Jesus ensinava. Seu ensinamento é o pão da vida, a verdade que liberta e a sabedoria que dá vida[3].

Sabe-se que Tomás teve de lutar para tornar-se um dominicano. Por razões que permanecem obscuras, sua família opôs-se a sua decisão. Mas ele acabou conseguindo se juntar aos frades pregadores e colocar seus dotes extraordinários a serviço de sua missão. Essa missão, em seu contexto original, visava a combater o ensino maléfico dos albigenses com o ensino saudável do Evangelho. Na prática, isso significava uma defesa sustentada, pelas primeiras gerações de dominicanos, da benevolência da ordem criada. De que outra forma eles poderiam falar seriamente sobre as verdades cristãs centrais, como a encarnação da Palavra, a concessão da graça divina nos sacramentos e a ressurreição do corpo? De que outra forma eles poderiam se manter fiéis ao mestre da vida, da verdade e da sabedoria?

1 Thomas Aquinas, *Summa theologiae* III, 42, 4.

2 Marcos 6,34.

3 João 6,32-51; 8,31-6: Mateus 11,25-30.

Tomás desempenhou seu papel nessa missão particularmente por meio de sua teologia da criação e do ser humano. Para ele, a criação em si tem tudo a ver com o ensino. Trata-se de uma lição na bondade de Deus ilustrada pela criação e pela redenção do mundo. Ele diz que o fim da criação é a verdade, porque a origem da criação é a mente[4]. Ele pensa, naturalmente, na mente de Deus. Mas ele discorre sobre outras mentes também, que, apesar de criadas, eram capazes de apreciar a verdade e participar em seu próprio nível da obra divina do ensino. Ele fala sobre a inteligência angelical e as formas de comunicação em que ela pode estar envolvida. Ele fala da inteligência humana e das formas de comunicação em que ela pode estar envolvida. E é nesse contexto que ele questiona se um ser humano pode ensinar a outro.

Textos sobre ensino

Nos dois textos em que ele discute essa questão a fundo, Tomás posiciona sua compreensão do ensino entre duas outras visões que ele rejeita[5]. De um lado, há a ideia de que existe uma mente comum à raça humana, uma espécie de consciência coletiva, à qual ficamos conectados enquanto estamos vivos e que continua quando falecemos. A ameaça à imortalidade individual é uma razão por que Tomás não está satisfeito com isso, mas essa não é sua preocupação prioritária nesses textos. Sua inquietação principal é que essa visão significa que o indivíduo humano não seria, estritamente falando, uma pessoa, até mesmo neste mundo. Ele acredita que a realidade e a dignidade de ser uma pessoa são verificadas no fato de que cada indivíduo vem a conhecer a verdade e a escolher o bem. A responsabilidade não pode ser transmitida para algum espírito ou força condutora mais geral: ela pertence a cada um, individualmente. O conhecimento que cada pessoa obtém é um conhecimento dela. A apreciação da verdade que cada pessoa obtém é a apreciação da verdade dela. As decisões e os comprometimentos que cada pessoa adota são as decisões e os comprometimentos dela. Se algo é feito para nós ou até mesmo por meio de nós por algum poder que está além de nós, então não somos nós que o estamos realizando.

---

4 Thomas Aquinas, *Summa contra gentiles* I, 1.

5 Os principais textos são *Quaestiones disputatae de Veritate* 11, 1, e *Summa theologiae* 117, 1. Outros textos em que ele discute o ensino estão em II Sentences 9, 1, 2 ad 4, *Summa contra gentiles* II, 75, e *On the Unity of the Intellect Against the Averroists*, cap. 5 (Leonine XLIII, linhas 186-206, Marietti § 258).

A segunda visão que Tomás rejeita é associada a Platão. Segundo ela, nascemos com um conhecimento implícito de tudo e necessitamos de estímulo do mundo externo somente para evocar as memórias que a alma sempre conheceu. É verdade que Tomás segue Aristóteles na aceitação de que há, em primeiro lugar, princípios de raciocínio, tanto especulativo quanto prático, que fazem parte do equipamento da inteligência humana. Ele se refere a princípios como "o todo é maior do que as partes" ou "o bem é para ser perseguido e o mal, evitado". Quando a experiência começa, conhecemos esses princípios e vemos que eles são verdadeiros. Mas ele não concorda com a ideia de Platão de que saber é recordar, não só por não aceitar a teoria de Platão de formas separadas, mas também por crer que o modo como Platão descreve o processo do conhecimento humano esvazia nossa experiência empírica de sua realidade e seu significado.

Tomás desenvolve sua compreensão de ensino adotando uma posição intermediária entre essas duas visões. Para ele, ambas são inadequadas porque suprimem algo da realidade e, portanto, da bondade, da ordem criada e de suas atividades. A primeira atribui o efetivo poder de saber a um agente além de nós. A segunda considera nossa experiência acidental ao processo do saber. O ensinamento de Tomás é que o aluno realmente aumenta seu conhecimento por meio da experiência e que o conhecimento em que ele cresce pode ser chamado de seu.

Ao elaborar os detalhes de seu relato sobre ensino, Tomás aplica ideias da filosofia de Aristóteles, ideias como potencialidade e atualidade, causalidade principal e instrumental, causalidade extrínseca e intrínseca, natureza e arte. Ao mesmo tempo, sua compreensão é fundamentalmente cristã, teológica. É verdade que Agostinho está mais explicitamente presente no texto anterior sobre ensino[6], mas ele permanece uma presença histórica significativa no texto posterior também[7]. Tomás concorda com Agostinho que, em certo sentido, Deus é o único professor real porque Deus equipa-nos para conhecer a verdade. Ao mesmo tempo, e em outro sentido, professores humanos realmente fazem alguma coisa por seus alunos. Tomás toma isso como parte da maravilha da criação: com algumas criaturas Deus compartilha o poder de realização.

---

6 *Quaestiones disputatae de Veritate* 11, 1.

7 A referência a "sinais" em *Summa theologiae* 117, 1 ad 3 evoca AGOSTINHO, *De Magistro* I-ii.

Para Tomás, ensinar significa colocar a imaginação a serviço da compreensão. Ele próprio era um bom professor e sua analogia preferida para o que o professor faz é o trabalho do médico. Assim como o médico não pode substituir a natureza, mas pode assisti-la de várias maneiras, também o professor não pode substituir os processos intelectuais do aluno, mas assisti-lo de várias maneiras. Um ser humano não pode ajudar outro do modo como Deus pode, tornando-o mais inteligente, por exemplo, ao intensificar a luz da própria inteligência, mas um ser humano pode ajudar outro a ver o que ele não viu antes. Isso envolve não só apresentar ao aluno coisas novas sobre as quais refletir, mas também indicar conexões que o aluno por si só poderia não enxergar. O professor não pode alcançar a compreensão no lugar dos alunos, e portanto a apreciação da verdade pelos alunos não é idêntica à do professor. Para Tomás, isso significa que uma mudança real decorre do ensino.

Tomás trata explicitamente do ensino no contexto de sua metafísica da criação, assim explicando como mentes criadas encontram-se no processo de comunicação da verdade e da bondade, desse modo contribuindo com Deus para reger o mundo. Um estudo aprofundado desses textos é a melhor maneira de enxergar como Aquino percebe o ensino e a aprendizagem[8]. Há, contudo, outras maneiras pelas quais ele nos ensina sobre sua visão de educação. Uma delas é o modo como ele próprio estudou e lecionou. Outra é o interesse pedagógico sustentado que se revela em suas obras. Vamos analisar cada uma delas.

A prática do ensino

Tomás é um grande escolástico, um homem de seu tempo que seguiu as práticas medievais de leitura (*lectio*), debate (*disputatio*) e repetição oral (*repetitio* ou *praedicatio*), práticas que ainda suscitam muito interesse do educador. Nessa época, como agora, professor e alunos liam juntos os

---

8 Jacques MARITAIN (*Education at the Crossroads*, New Haven/London, Yale University Press, 1943 e 1971) parafraseia o texto de Tomás nas páginas 29 a 32, mas o livro todo é baseado na visão de Tomás sobre o ensino. Para uma recente avaliação da obra de Maritain e de outros aspectos do que Tomás tem a dizer sobre educação, ver Daniel MCINERNY (Ed.), *The Common Things: Essays on Thomism and Education*, Washington (DC), American Maritain Association/The Catholic UniversityofAmerica Press, 1999. Brian Davies e Patrick Quinn oferecem reflexões sobre o texto de Tomás, mas sem atrair a atenção para o contexto: Brian Davies, OP, Aquinas and the Academic Life, *New Blackfriars* 83 (2002) 336-346; Patrick QUINN, Aquinas´s Views on Teaching, *New Blackfriars* 81 (2001) 108-120.

grandes clássicos, no caso de Tomás começando pela Bíblia e, depois, as obras de teólogos e filósofos. Essa prática fornece grande parte de nossa terminologia pedagógica: conferência, conferencista, leitor e lição. A leitura conjunta de textos clássicos continua sendo um elemento básico de todo sistema educacional e uma prática sustentada pelos filósofos, que são, por outro lado, radicalmente diferentes em sua visão de educação.

Mestre e alunos engajavam-se em segundo lugar em disputas em que as questões eram analisadas dialeticamente, e as posições refinadas por meio da apresentação de evidências e no curso do argumento lógico. Isso lhes permitia ir além da leitura e da interpretação de textos enquanto se valiam do que haviam lido. A questão disputada permaneceu como parte-padrão da educação universitária na Europa até o século XVIII, e ainda era praticada nas escolas neoescolásticas do século XX, embora de modo mais formalizados. Oportunamente, porém, conservava algo da vitalidade que se imagina em discussões na Academia de Platão ou nas disputas anuais na Paris do século XIII. O dominicano irlandês Fergal O'Connor, por exemplo, foi um excepcional expoente desse método de ensino: ele "considerava o diálogo presente, vívido e improvisado, frente a frente com os outros, o melhor meio de apreender o pensamento"[9].

Tomás acreditava que o melhor ensino dá-se não por intermédio de textos, mas oralmente, e que os melhores professores imprimem seu ensinamento diretamente nos corações de seus alunos. O terceiro elemento do método escolástico era repetição e proclamação. O aluno devia repetir o que aprendera não só porque materiais escritos eram escassos, e para gravá-los na memória, mas também porque as tarefas para as quais as pessoas estavam sendo preparadas eram as de ensinar e pregar, de comunicar-se com o intuito de formar uma comunidade, como Tomás expõe em seu comentário sobre a *Política* de Aristóteles[10].

À primeira vista, um artigo da *Summa theologiae* parece diferir sobremaneira da forma de diálogo usada por Platão, Boécio e muitos outros.

---

9 Joseph Dune, Figures of the Teacher: Fergal O'Connor and Socrates, in *Questioning Ireland: Debates in Political Philosophy and Public Policy*, ed. Joseph Dunne, Dublin, Attracta Ingram and Frank Litton/Institute of Public Administration, 2000, 13-33 (26).

10 Para obter um relato mais completo sobre o significado desses comentários em Politics, veja meu capítulo Boring God: Theology and Preaching, in Michael Monshau, OP (Ed.), *The Grace and Task of Preaching*, Dublin, Dominican Publications, 2006, 52-70.

Após alguma reflexão, contudo, pode-se verificar que cada artigo é, na realidade, um diálogo estilizado em que uma série de vozes é ouvida. As argumentações iniciais são argumentações reais, não meras objeções, como se não dessem nenhuma contribuição à resolução final. Com muita frequência Tomás concorda com aspectos dos argumentos iniciais, e ele certamente permite a essas outras vozes guiar seu próprio pensamento. Portanto, mesmo na forma escrita, seu modo de aprender e ensinar é dialético. Todos os artigos contêm uma breve discussão ou debate que leva a uma conclusão matizada.

Tomás é receptivo a muitas vozes que discorrem sobre as questões que o inquietam. A gama de fontes que ele empregou, seu entusiasmo por novos textos e por novas traduções dos antigos, sua ansiedade em interpretar textos da maneira mais íntegra possível, seu acolhimento ao pensamento alheio, que sempre é benevolente, mas nunca ingênuo, e acima de tudo seu respeito pela verdade e a obediência a ela: tudo isso indica um método de estudo e ensino que podemos descrever, uma vez mais, como saudável. Sua confiança de que "a verdade é forte por si só, e nada pode prevalecer sobre ela"[11] permitiu-lhe buscar o conhecimento e a verdade com grande liberdade e com coragem. Ele citou com louvor a visão atribuída a Santo Ambrósio de que toda verdade, não importa por quem proferida, vem do Espírito Santo[12].

O praticante pensativo e criativo

Embora usasse com grande efeito as práticas convencionais de leitura, disputa e repetição, Tomás também expressava insatisfação com elas. No prólogo à *Summa theologiae* ele ressalta as limitações dessas práticas e diz que deseja construir sua própria obra, de acordo com "um método educacional salutar (implicando 'mais salutar')". O que ele propõe, ao que parece, é uma ordem pedagógica determinada pelo assunto em si da teologia cristã. Isso se refere não à ordem do Credo ou ao modo como as *Sentenças* de Pedro Lombardo foram estruturadas, menos ainda à forma como as *summae* da teologia moral e da lei canônica foram reunidas, mas sim à maneira como a revelação ocorreu, em outras palavras, à maneira com que

11 *Summa contra gentiles* IV, 10.

12 *Summa theologiae* I, II, 109, 1 ad 1; Commentary on the Gospel of John, 1, lectio 1 (Marietti § 103-104).

Deus como mestre ensinou a humanidade e para o propósito ao qual serviu o ensinamento de Deus.

Recentemente, Mark D. Jordan reuniu uma série de artigos em que argumenta que o acolhimento do pensamento de Aquino foi distorcido por uma falha quase cabal da parte de seus leitores em enxergar seus interesses pedagógicos: "Sustento que reescrever Tomás apaga um aspecto decisivo de seus textos, a saber, sua estrutura pedagógica"[13]. Leonard Boyle iniciou essa discussão na agora clássica conferência sobre a composição da *Summa*[14] em que chamou atenção para o fato de que sua originalidade é acima de tudo pedagógica. Tomás tem a liberdade de fazer ensaios com currículo e método de ensino e propõe algo revolucionário: que a teologia moral seja firmemente colocada no interesse da criação e da redenção. Com isso, ele está pensando não só em como apresentar a teologia de um modo material, mas também nos alunos que estudam teologia para fins espirituais e pastorais específicos. A verdade da teologia é uma questão de salvação ou beatitude humana, conforme Tomás aventa na pergunta de abertura da *Summa*, e Fergus Kerr demonstrou como a beatitude é um tema que estrutura a *Summa*[15]. A obra de Jordan alerta-nos para o fato de que Tomás retorna à beatitude várias vezes, não simplesmente porque é outro tema-chave da teologia cristã, mas porque é no que os estudantes da teologia cristã ingressam precisamente por meio de seu estudo da teologia cristã. A *Summa theologiae* é um livro que requer, para sua própria assimilação, um modo de vida.

Boyle já argumentou que os dominicanos a quem o trabalho se destinava não entenderam o propósito do experimento de Tomás. Jordan concorda com isso, alegando que na área educacional a *Summa theologiae* é um gênero híbrido, que não se revela plenamente adequado nem para o uso universitário, nem para o pastoral, "porque implica reformar ambos"[16]. Em outra parte ele se posiciona desta maneira:

---

13 Mark D. Jordan, *Rewritten Theology: Aquinas After His Readers*, Oxford, Blackwell, 2006, 6.

14 *The Setting of the Summa Theologiae of Saint Thomas*, Toronto, Pontifical Institute of Medieval Studies, 1982.

15 Fergus Kerr, *After Aquinas: Versions of Thomism*, Oxford, Blackwell, 2002, 128 ss.

16 Jordan, *Rewritten Theology*, 10.

> A *Summa* é lida em sua plenitude quando interpretada como um ensino teológico único, com princípios morais em seu cerne e a Paixão de Cristo como sua força motriz, ante uma comunidade comprometida com a santificação por meio da missão, com as consolações dos sacramentos e da liturgia, na iluminação da oração contemplativa[17].

Alguém pode ser tentado a dizer que estamos lidando aqui com um entendimento pós-modernista de Aquino para o qual a pedagogia é fundamental. Ao mesmo tempo, muitos dos pontos levantados por Jordan já são encontrados em *The Intellectual Life*, a introdução inestimável e "inteiramente tomista" de Sertillanges à teologia e à prática de estudo. Além disso, nos círculos de estudo organizados por Jacques Maritain, algo semelhante foi identificado: o texto de Aquino foi lido em um cenário que incluía oração e uma vida comunitária, bem como estudo e conversação[18].

O professor tem a tarefa de criar estruturas para passar adiante a disciplina com que se ocupa. Criar tais estruturas para a teologia, segundo Jordan, assemelha-se a criar regimes para ensinar a virtude[19]. Na realidade, poder-se-ia esperar que uma reflexão sobre o ensino fosse encontrada na parte moral da *Summa* que trata das ações, virtudes, relações e profissões humanas. Em vez disso, como vimos, Tomás relaciona-o à criação. Mas há muita relevância para a educação naquilo que ele diz sobre a virtude. Como a aquisição de conhecimento é uma parte significativa da experiência humana e a comunicação do conhecimento é uma atividade significativa da sociedade humana, todas as virtudes tocarão esse ponto. Isso se aplica àquilo que ele chama de virtudes intelectuais, as disposições que se relacionam diretamente com a ciência e a sabedoria. Entre as virtudes morais também há, por exemplo, a virtude da autenticidade, que é uma forma de justiça, a da docilidade, que faz parte da prudência, e as da paciência e da perseverança, que se ramificam da coragem. Existe também a especial

---

17 The *Summa's* Reform of Moral Theology – and its Failures, in *Contemplating Aquinas: Varieties of Interpretation*, ed. Fergus Kerr, OP, London, SCM Press, 2003, 53.

18 A. G. Sertillanges, OP, *The Intellectual Life: Its Spirit, Conditions, Methods.*, trad. Mary Ryan, novo pref. James V. Schall, SJ, Washington (DC), The Catholic University of America Press, 1998. Para "inteiramente tomista", ver a página xxix. Para os círculos de estudo de Maritain, ver The *Common Things*, 139-143.

19 Jordan, *Rewritten Theology*, 193.

virtude da *studiositas*, que é uma forma de temperança. Como outros desejos humanos, o do saber é benéfico, mas necessita ser mantido focado para que o equilíbrio da vida humana não seja distorcido pelo vício antagônico da curiosidade[20].

E, então, de volta a Cristo

Para Tomás, o florescimento humano só pode advir do vivenciamento de uma vida teológica. A sabedoria, como conhecimento apreciado da verdade-bondade-beleza que os seres humanos buscam, é encontrada, segundo ele, no conhecimento de Jesus Cristo. Ele é o mais esplêndido dos mestres, que em sua própria pessoa e em sua própria vida mostrou-nos o caminho da verdade pelo qual atingimos nosso pleno desenvolvimento[21]. Por meio das virtudes da fé, da esperança e da caridade, bem como dos dons do Espírito associados a conhecimento, compreensão, temor e sabedoria, já vivenciamos a vida eterna[22].

Um elemento indispensável a qualquer ensinamento, segundo Tomás, é a conversa entre professor e aluno, além do apelo à imaginação por meio de sinais, em especial a linguagem. Foi assim que Jesus ensinou seus discípulos, tomando-os para si como seus pupilos e amigos, e revelando-lhes tudo que aprendera do Pai[23]. O clímax de sua vida é também o clímax de seu trabalho como professor. A cruz de Jesus, glória do único Filho, é seu maior ato de ensino. Tomás refere-se à extraordinária imagem concebida por Agostinho: Jesus pregado à cruz é como um professor em sua cadeira,

---

20 *Summa theologiae* II, II, 166-7. Sobre *studiositas* ver Liam WALSH, OP, St Thomas and Study, in The Renewal Papers: Papers from the Renewal Programme of the Irish Dominican Province 1993, St Mary´s, Tallaght, 1994, 58-89; também in La Formazione Integrale Domenicana al Servizio della Chiesa e della Società, Bologna, Edizioni Studio Domenicano, 1996, 223-252; e Gregory M. REICHBERG, *Studiositas: The Virtue of Attention*, in *The Common Things*, ed. McInerny, 143-152.

21 *Summa theologiae* III, prólogo.

22 João 17,3: "... e a vida eterna é esta: que te conheçam a ti, como o único Deus verdadeiro, e a Jesus Cristo, aquele que tu enviaste". Para a compreensão de Tomás sobre como possuímos esse conhecimento, ver suas perguntas sobre os dons do Espírito que aperfeiçoam as atividades das virtudes teológicas: *Summa theologiae* II, II, 8-9, 19 e 45.

23 Ver Michael SHERWIN, OP, Christ the Teacher in St Thomas's Commentary on the Gospel of John, in *Reading John with St Thomas Aquinas*: Theological Exegesis, Washington (DC), The Catholic University of America Press, 2005, 173-193.

sicut magister in cathedra[24]. Dessa cadeira ele propõe uma pergunta a seus discípulos, dá um sinal para ilustrar seu ensinamento e revela o amor que o liga a eles. A lição ministrada por esse mais esplêndido dos mestres destina-se à vida no mundo, à cura das nações.

24 *Commentary on the Gospel of John*, 19, lectio 4 (Marietti § 2441).

Meister Eckhart: um modelo para educadores dominicanos

Tom Cassidy, OP

Introdução

Ao final de um de seus sermões, pregado em alemão no início do século XIV, Meister Eckhart observou: "A todos os que entenderam este sermão, desejo boa sorte. Se ninguém estivesse aqui, eu teria de pregá-lo para esta caixa coletora"[1]. Por meio de sua pregação, ele expressava sua própria experiência de Deus. Sentia-se compelido a passar a outrem o *insight* que recebera. Os dominicanos tentam viver por seu lema, traduzido livremente como "passar a outrem o que eles contemplaram". O incidente que acaba de ser descrito sugere que Eckhart obteve êxito nisso.

Diante de uma classe de estudantes contemporâneos durante um período dedicado à educação na fé, os professores podem muito bem visar a uma variedade de metas. Alguns podem sentir mais fortemente que aquilo que estão fazendo ajuda seus alunos a compreender aquilo em que a Igreja acredita, de modo que no futuro eles possam estar em condições de decidir com inteligência se é nisso que também querem crer. Embora seja fácil sentir empatia por esse ponto de vista e reconhecer seu valor, não era o de Eckhart. Sua visão aproximava-se daquela do Papa Paulo VI, que, em uma carta à Igreja datada de 1975, disse: "As [pessoas] modernas estão mais dispostas a escutar testemunhas do que professores e, quando se interessam em escutar os professores, é na qualidade de testemunhas". E novamente na mesma carta: "A longo prazo, existe alguma outra forma de transmitir o Evangelho do que passando para outra pessoa nossa própria experiência de

1 M. O'C Walshe, *Meister Eckhart: German Sermons and Treatises*, London/Doverton, Element Books, 1998, v. 2, 82.

fé?"[2]. Eckhart, quero propor aqui, é um modelo para professores de fé, estejam eles em uma escola ou em uma instituição superior de ensino ou, sobretudo, sejam pais. Mas ele é muito mais equilibrado que isso, como pretendo demonstrar.

A vida de Meister Eckhart

Eckhart nasceu na região Nordeste da Alemanha em 1260 e faleceu em 1329. Ingressou na Ordem Dominicana quando tinha cerca de 15 anos de idade. Por duas vezes foi eleito provincial e ocupou uma cadeira de Teologia em Paris; por três vezes foi vigário do mestre da Ordem. Chegou a Colônia em 1322 para incumbir-se dos estudos dos alunos dominicanos dali. Três anos depois, em 1325, foi convocado ante a Inquisição em Colônia pelo arcebispo e acusado de ensinar heresias.

Ele negou a acusação, mas estava disposto a retratar-se de qualquer coisa que pudesse confundir as mentes de pessoas simples. Ele alegou que as acusações alojavam-se na inveja e na ignorância. Um ano depois, o veredicto foi-lhe contrário, e então, apoiado por seu provincial e seus confrades, ele apelou ao papa. E foi para Avignon, a residência papal naquela época. O processo arrastou-se por mais de um ano, período em que Eckhart faleceu.

Por insistência do arcebispo de Colônia, o Papa João XXII emitiu uma bula de condenação em 1329, condenando quinze declarações atribuídas a Eckhart e classificando outras onze como suspeitas de heresia. A condenação devia ser promulgada somente na região de Colônia. Muitos de seus artigos foram subsequentemente perdidos ou destruídos. Mas os frades e as monjas dominicanos continuaram a honrá-lo, e nos séculos seguintes a Ordem falou dele com respeito.

Testemunho da Ordem Dominicana

No Capítulo Geral dos frades dominicanos do México em 1992 foi apresentado um relatório sobre as descobertas de um painel de especialistas autorizados pela Ordem em 1980 para rever a condenação de Eckhart. O relatório concluiu que ele não necessitava de reparação como professor

2 Paul VI, *On Evangelisation in the Modern World*, 1975, n. 41 e 46.

confiável de uma doutrina sã, uma vez que nem ele nem seu ensino foram condenados, e a bula papal se restringira a Colônia. Além disso, as proposições censuradas foram retiradas de seu contexto nos escritos de Eckhart e era impossível verificá-las, pois não havia manuscritos originais dele em Avignon. Com base no resultado desse relatório, o mestre da Ordem requereu ao Cardeal Ratzinger, na época o chefe da Congregação para a Doutrina da Fé, que revogasse formalmente a condenação. Isso ainda não aconteceu, mas em uma audiência papal de 1985 o Papa João Paulo citou a obra de Eckhart, demonstrando aprovação.

O que provocou a condenação? Em primeiro lugar, ideias estranhas divulgadas na época por outros menos instruídos do que Eckhart sobre Deus e a doutrina cristã. Isso despertou uma cautela maior entre os bispos sobre o que se ensinava em suas igrejas. Eckhart costumava ser de difícil compreensão e usava expressões novas e desconhecidas para descrever Deus e a relação de Deus com as pessoas. Em segundo lugar, a inveja e o ciúme podem ter exercido alguma influência. As duas principais testemunhas contra Eckhart em Colônia e Avignon foram dominicanos mais tarde presos por desobediência.

O Capítulo Geral dos frades dominicanos em Providence, Rhode Island, no ano de 2001 (n. 203-205), deu um passo adiante no sentido de recomendar Meister Eckhart e outros místicos dominicanos. O que o Capítulo propagou tem particular relevância para os educadores cristãos da fé.

O Capítulo observou que o que estamos testemunhando com o interesse crescente do mundo pela espiritualidade é uma autêntica ânsia por Deus, escrita no coração humano. A natureza humana em si está se rebelando contra o caráter agitado, ruidoso e violento da vida em tantos lugares. Sem que se deem conta da grande tradição contemplativa cristã ou julgando-a inacessível, muitos cristãos voltam-se para outras religiões do mundo. Embora o compartilhamento mútuo seja precioso, é trágico que cristãos desconheçam suas próprias fontes contemplativas. Em nossa tradição dominicana, a contemplação não é um exercício isolado ou especial, mas antes uma atitude de acolhimento à presença criativa de Deus no momento presente. Não pode ser limitada por métodos e técnicas. Nossa contemplação é livre, flexível e ilimitada. São Domingos tem sido apropriadamente descrito como "espantosamente livre". Todos os dominicanos guardam em grande estima essa qualidade em São Domingos e em nossa Ordem.

Em outras palavras, Meister Eckhart é apresentado como um modelo para os educadores cristãos não só por causa da qualidade testemunhal de sua pregação, mas também por causa da necessidade hoje em dia premente de uma genuína espiritualidade.

Apreciação a Meister Eckhart

Qualquer um de nós que já tenha estado diante de uma sala de aula sabe que faz diferença ter conquistado a confiança de nossos alunos. Como Tomás de Aquino afirmou no século XIII, citando Aristóteles: "todo aprendiz deve ser primeiro um crente" para que ele possa alcançar o conhecimento pleno"[3]. Isso se aplica particularmente ao aluno de Eckhart. Ele era um místico. Isso não significa que tivesse visões. Se as teve, nada falou a respeito. Mas a maioria dos eruditos que estudaram profundamente sua obra deixa claro que seus sermões são uma tentativa de comunicar sua própria experiência de Deus. Visto que era um homem instruído, tendo estudado Tomás de Aquino e os neoplatônicos cristãos, incluindo Agostinho de Hipona, ele tenta expressar suas ideias na terminologia deles. Portanto, seus escritos podem ser obscuros aos leitores modernos. Temos de acreditar que vale a pena perseverar com ele.

Na "Introdução" à sua coleção de leitura mais aprazível e acessível dos artigos de Eckhart, Ursula Fleming relata um conselho recebido de um amigo quando abandonou a prática de sua religião. Ele lhe disse para ler Eckhart. Ela conta:

> Fiz tudo o que ele disse. Quando comecei a ler Meister Eckhart, fiquei desnorteada, mas gostei do que li e sabia que aquele homem tinha as respostas que eu buscava. Procurei Marco e comentei: "Gosto dele, mas só entendo fragmentos do que ele diz". Marco respondeu: "Não tente compreendê-lo. Apenas prossiga com a leitura". Foi o que fiz. E agora, toda vez que releio o que já li, entendo um pouco melhor[4].

---

3 Thomas Aquinas, *Summa theologiae* II-II, 2, 3.

4 Ursula Fleming, *Meister Eckhart, the Man From Whom God Nothing Hid*, London, Fount Paperbacks, 1988, 16.

Essa, suspeito eu, é a única forma de lidar com Eckhart para a maioria de nós. Ursula Fleming acabou retomando a prática da fé.

Educação dominicana

Os dominicanos são até certo ponto unidos na crença de que nossa união com Deus nesta vida, assim como na eternidade, é primordialmente uma questão de conhecer Deus. A razão disso é que somos criaturas basicamente inteligentes cuja realização humana só pode ser alcançada na plenitude do conhecimento. E o objeto mais elevado e realizador de nossa compreensão é o Deus que encerra em si mesmo toda a existência e todo o conhecimento. Conhecer Deus, como Eckhart jamais se cansou de afirmar, é unir-se a Ele e assim compartilhar o próprio autoconhecimento de Deus. Pois somente Deus pode conhecer Deus.

Isso também apresenta um desafio aos educadores cristãos. Podemos receber muitas informações sobre Deus sem realmente conhecê-Lo. Por conseguinte, se a educação na fé trata, sobretudo, de conhecer Deus pessoalmente, por assim dizer, então algo mais do que informação faz-se necessário. O que se requer é ser atraído para essa relação com Deus à qual chamamos fé nesta vida e bem-aventurança na eternidade. É aí que Eckhart prima. Toda a sua obra expressa sua própria relação com Deus. Ele é considerado um escritor místico por causa de sua compreensão profunda de Deus, que resulta claramente de um relacionamento vivenciado. Lê-lo pode ser uma perspectiva intimidadora, mas seu estilo pessoal inconfundível, o uso de imagens e os paradoxos em especial tornam essa experiência fascinante.

Assim, o conhecimento que temos pela fé não se compõe unicamente de informações. As Escrituras e os autores cristãos expressaram isso de muitas maneiras. O salmista diz-nos: "Quão bom é Jeová – simplesmente prove e veja"[5]. Para Eckhart, o conhecimento da fé é o início da bem-aventurança. Trata-se de uma função dos mais elevados alcances da alma intelectual humana e surge quando a alma abre-se à presença duradoura de Deus nela. É, na realidade, e só pode ser, um compartilhamento do próprio autoconhecimento de Deus.

5 Salmo 34,8; trad. Bíblia de Jerusalém.

Nada disso significa que as informações concernentes a Deus sejam pouco importantes. De que outra forma podemos vir a saber que Deus está dentro de nós e espera para compartilhar a vida divina conosco? De que outra forma podemos expressar o modo como todos nós passamos a conhecer Deus? E o que poderia ser de mais valia do que essa informação? Mas tal informação é um meio de atingir outra meta – um relacionamento inteligente e, portanto, a união com Deus. Os dominicanos, na melhor das hipóteses, valorizaram tradicionalmente todos os ramos do conhecimento porque todos eles enriquecem a faculdade humana mais elevada, o intelecto. Mas para o dominicano Eckhart, em particular, nenhum conhecimento humano pode comparar-se ao autoconhecimento de Deus, e é isso que é compartilhado conosco na dádiva da fé.

O que podemos falar sobre Deus de acordo com Meister Eckhart

Os sermões de Eckhart têm por objetivo que estabeleçamos a união mais íntima possível com Deus e, assim, compartilhemos o autoconhecimento de Deus. Trata-se do início da bem-aventurança e de todo propósito da vida humana. Mas quando começamos a falar sobre o que sabemos de Deus ficamos perdidos. Isso acontece porque nossas mentes e nossa linguagem estão equipadas para compreender a realidade criada. Assim, Eckhart citará com aprovação Gregório, o Grande, e outros Padres da Igreja ao dizer que sempre que falamos de Deus estamos realmente apenas balbuciando realidades que somos incapazes de compreender. Isso se aplica até mesmo a nossos dogmas cristãos e às Escrituras. Eckhart, porém, dirá que há uma diferença entre falar de Deus por metáfora e propriamente. Dizer que Ele é bom, por exemplo, não é apenas uma metáfora. Há algo em Deus que corresponde à bondade tal qual a entendemos. Mas não sabemos qual bondade está em Deus, uma vez que só pode ser idêntica à essência e à existência infinitas de Deus que não podemos vivenciar nesta vida.

Eckhart preocupa-se que a maioria de nós não aprecie isso o bastante. Então, aplica-se em seus sermões a nos chocar a ponto de deixar a complacência com que falamos sobre Deus. Estamos todos inclinados demais a esquecer que não podemos saber o que Deus é, que o mais elevado conhecimento que podemos ter sobre Deus nesta vida é saber o que Ele não é. E, portanto, quando falar de Deus Eckhart fará uso intenso de metáforas extraordinárias e às vezes aparentemente ultrajantes. Dessa maneira, não correremos o risco de pensar que a metáfora realmente nos diz o que Deus é. Ele também emprega um modo dialético de falar: permite-nos descrever Deus como bom e, então, nega que Deus é bom da única forma que somos capazes de entender a bondade. Ele faz uso extensivo da analogia, mas se recusa a admitir que as qualidades que atribuímos a Deus, tais como essência, bondade e justiça, realmente pertencem às criaturas. Ele vai dizer, em vez disso, que, uma vez que Deus é existência infinita, quaisquer atributos que reivindiquemos para nós mesmos não são realmente nossos, mas simplesmente os tomamos por empréstimo de Deus. Paradoxo e hipérbole são figuras de discurso favoritas de Eckhart. Em um sermão, ele diz a seus ouvintes que tudo dito ou escrito sobre a Trindade Sagrada não é de modo algum realmente assim ou verdadeiro. Entretanto, é verdade, ele prosseguirá dizendo, que há algo em Deus correspondente à Trindade que mencionamos.

Com algumas possíveis, embora raras exceções, as Escrituras cristãs são claras quanto à impossibilidade de saber nesta vida o que Deus é. No entanto, é para a visão de Deus que somos criados. Por outro lado, Meister Eckhart pretende induzir-nos a sondar o mistério de Deus com toda a intensidade de que somos capazes. Para ele, a vida humana diz respeito à união com Deus que atingimos quando passamos a conhecer e amar a Deus. Isso não exclui nenhuma das atividades necessárias para levar uma vida plena; em vez disso, transforma-as. Faz delas as expressões exteriores de nossa união com Deus, e até mesmo um modo de Deus encontrar expressão em nosso mundo.

As imagens de Meister Eckhart

Grande parte da razão por trás da dificuldade de ler Eckhart está no fato de que ele recorre intensamente a uma variedade de fontes filosóficas e teológicas. A principal delas é a Bíblia, que para os místicos medievais era *a* fonte da verdade. Mas, entre os grandes pensadores que ele cita, de modo explícito ou não, encontramos cristãos, judeus, muçulmanos e pagãos. Além disso, Eckhart escreve como um teólogo medieval e tenta expressar, como afirma Oliver Davies, "as experiências mais recônditas da consciência humana. O teólogo espiritual", Davies continua,

> está tentando dar ordem e forma às áreas mais sutis e evasivas da experiência humana. Ele será confrontado pela aparentemente impossível tarefa de articular um encontro com a divindade não criada, que transcende todas as categorias de conhecimento e experiência criados. "Deus", como Eckhart observou, "está além do alcance das palavras". Não admira, portanto, que o argumento ceda à metáfora e a ciência à poesia[6].

À medida que encontramos dificuldades em compreender os sermões de Eckhart, pode ser encorajador lembrarmo-nos de que muitos deles, se não a maioria, foram pregados a congregações comuns em igrejas públicas.

Por meio de imagens, ele não está tentando apenas chocar seus ouvintes. Procura lançar nova luz sobre crenças tradicionais, e isso é certamente um dos aspectos mais interessantes de seu trabalho. Em um ponto, quando fala de Deus como um Espírito puro e que escapa à descrição, Eckhart conta-nos que Deus verte seu Eu Divino às criaturas com o deleite de um cavalo galopando pelo prado:

> Deus se regozija tanto nessa semelhança [entre Deus e a imagem humana justificada de Deus] que verte a plena natureza e o ser Divinos nessa parecença. Deus exulta com isso, como se alguém fosse soltar um cavalo em um prado verdejante inteiramente suave e plano, e seria da natureza do cavalo deixar-se ir com toda a sua força galopando pela campina – o cavalo deleita-se com isso porque faz parte de sua natureza[7].

Nesse exemplo, como em muitos outros, Eckhart pisa em terreno perigoso, referindo-se à semelhança de Deus com as criaturas. Em termos mais convencionais, ele está enfatizando a noção tradicional cristã de que os seres humanos são criados para tornarem-se divinos. Mas seu objetivo principal consiste em convencer seus ouvintes de que há algo em Deus semelhante ao deleite humano em reconhecer a bondade humana.

---

6 Oliver Davies, *Meister Eckhart: Mystical Theologian*, London, SPCK, 1991, 179.

7 Walshe, *Meister Eckhart*, v. 2, 186.

Ao falar de Deus, Eckhart emprega às vezes uma linguagem brutalmente física. Ele diz que devemos

> despir Deus de toda sua roupa – pegar Deus nu no vestiário, onde está descoberto e despido em seu Eu Divino.

Ou que,

> se uma pessoa pensa que obterá mais de Deus por meio da meditação, da devoção, do êxtase ou da especial infusão de graça do que ao lado da lareira ou no estábulo – isso nada mais é do que tomar Deus, envolver a cabeça de Deus com um manto e empurrar Deus para baixo de um banco[8].

Na primeira imagem, Eckhart reforça seu ensinamento de que a ânsia humana por Deus só será satisfeita se ultrapassarmos todos os conceitos e imagens e alcançarmos a cabeça despida de Deus. Na segunda, ele aborda a tentação de fixar-se em métodos de oração e ceticismo em uma tentativa possivelmente inconsciente de controlar Deus.

Pessoas ignorantes, segundo Eckhart, tentam fazer uso de Deus assim como o de uma vela para encontrar objetos. Quando encontram o objeto perdido, jogam a vela fora. Então, essas pessoas estão interessadas em Deus somente por aquilo que podem obter. Dessa forma, Eckhart provoca a pergunta: Qual deve, então, ser nossa relação com Deus?

Em relação à nossa consciência da presença de Deus no mundo, Eckhart fala de Deus "tossindo":

> Onde está esse Deus? É simplesmente como se alguém fosse se esconder e depois se deixasse revelar por uma tosse: Deus fez a mesma coisa. Ninguém jamais poderia ter encontrado Deus, mas Deus revelou a presença de Deus[9].

8 Ibid., v. 2, 118; v. 1, 117.

9 Ibid., v. 2, 308.

Eckhart não deixa dúvida de que Deus é totalmente livre em toda atividade Divina, e, no entanto, em linguagem poética, ele nos conta que há situações em que Deus não pode se abster de tomar posse da alma humana. Quando as condições são propícias, quando a alma esvaziou-se de toda atividade criada e de todos os apegos, Deus flui a ela como água rolando colina abaixo. Ele defende o mesmo ponto de vista usando duas outras imagens. A alma, segundo ele, é como um espelho ou uma câmara de ressonância. Com frequência, o espelho está sujo e incapaz de refletir Deus, e a câmara repleta de lixo. Mas, quando a superfície do espelho ou a câmara de ressonância são limpos, imediatamente a imagem de Deus resplandece no espelho e o eco de Deus reverbera na câmara. Ainda de outra maneira, Eckhart descreve a presença de Deus na alma como um chafariz. Entupida de terra, a fonte não consegue fluir, mas, uma vez desobstruída, a água jorra para cima como a presença de Deus na alma.

O tema central e recorrente dos sermões de Eckhart é a intimidade possível entre Deus e o ser humano. Ele chega ao ponto de nomear essa intimidade como "unidade" ou "igualdade" com Deus. Tal ousadia em terminologia será justificada pela referência à tradição cristã e também por meio da especulação metafísica profunda, mas talvez sejam suas imagens que esclarecem de modo mais claro o ponto que ele está defendendo e deixam uma impressão surpreendente e firme em nossas mentes.

Chegamos agora a três imagens fundamentais em toda a pregação e toda a escrita de Eckhart – a centelha da divindade em toda alma humana, o nascimento do Filho na alma da pessoa justa e o distanciamento. Embora o uso da palavra "distanciamento" possa não parecer a princípio um exemplo de imagem, Oliver Davies insiste com convicção que é, porque a palavra na origem da língua alemã em que Eckhart pregava seus sermões significa "cortar", algo bastante físico.

Para explicar de modo sucinto o modo como Eckhart usa essas três imagens, nada melhor do que citar Davies uma vez mais. Ele escreve:

> No caso da "poesia conceitual" de Eckhart, as imagens presentes são as de (1) uma "centelha", (2) um "nascimento" e (3) um "corte", e as realidades abstratas que elas iluminam metaforicamente são (1) a imagem divina na alma, (2) a ação da graça e do processo de santificação e (3) o estado de ser "no" mundo, porém não "do" mundo.

> E a justaposição dessas duas dimensões da realidade, a que se origina da ordem natural das percepções do sentido e a outra baseada na ordem supernatural da transcendência e da graça, empresta a de outro modo evasivas e etéreas abstrações uma realidade surpreendentemente vívida. A "centelha" e o "nascimento" e o "corte" transmitem-nos mais dos mundos espirituais que refletem do que qualquer montante de argumento discursivo, descrição e arrazoamento que pudéssemos fazer[10].

As imagens de Deus e os objetos divinos empregados por Eckhart são originais, férteis, chocantes e repletos de *insight*. Talvez nos lembrem das muitas imagens usadas por Jesus em suas parábolas. Mal podemos negar que sejam sinais da índole de Eckhart, e muito mais do que um meio de reconquistar a atenção de seus ouvintes no curso de um sermão por vezes longo e complexo.

Conclusão

O interesse crescente pela espiritualidade de Eckhart, ocorrendo em uma época na qual os professores da Igreja passam por uma crise de comunicação, pode ser oportuno. Podemos ter muito a aprender com o brilhantismo e a originalidade das imagens de Eckhart. A inventividade e a ousadia de suas imagens contrastam com o aparente ranço da linguagem religiosa bastante tradicional. Outra qualidade que pode ter especial apelo a nossos contemporâneos é a prioridade que Eckhart atribui à religião interior. Ele se ocupa, acima de tudo, da "centelha divina" dentro de cada ser humano, que orienta suas consciências para a união com Deus.

Um cristão poderia dizer que Eckhart transmite-nos informações sobre Deus, mas isso seria uma descrição longe de adequada de sua realização. Seu estilo e sua linguagem voltam-se mais para envolver-nos em um mistério. A plena experiência desse mistério, acredita ele, será nossa bem-aventurança. Nesse ínterim, somos capazes de dar o primeiro passo, e essa será nossa mais elevada realização humana, ou melhor, o máximo que Deus pode fazer por nós nesta vida.

---

10 Davies, *Meister Eckhart*, 182.

Catarina de Siena: discípula-mestra

Suzanne Noffke, OP

Catarina de Siena, Doutora da Igreja – por definição, portanto, uma professora, e uma professora da Igreja! Como Paulo, ela poderia ter declarado com toda a honestidade: "Ai de mim se eu não puder pregar"[1]. No entanto, Catarina, a professora e a pregadora, foi antes de tudo e sempre uma aprendiz, uma discípula. "Um só é vosso Mestre, e vós todos sois irmãos"[2]. Catarina foi realmente uma mestra tão esplêndida por ser uma aprendiz tão entusiasta. E a escola em que ela estudou foi a de Jesus Cristo; seu mestre derradeiro foi a Sabedoria divina encarnada. Jesus era para ela a revelação consumada de Deus, incorporando em sua pessoa e sua vida, em sua morte e sua ressurreição tudo o que Deus é.

Catarina amava retratar Cristo como professor. E, no entanto, não era primordialmente a suas palavras que ela recorria para demonstrar seu papel de Sabedoria encarnada, mas a seu exemplo. "Oh, inefável caridade de nosso Deus!", ela exclamou, "me ensinastes o amor mais gentil e me mostrastes não só com palavras (pois dizes que não lhe agrada o muito falar)[3], mas com suas ações, as ações que dizeis que lhe agradam"[4]. Jesus, segundo Deus em *The Dialogue*, ensinou "não somente com as palavras, mas

1 1 Coríntios 9,16.

2 Mateus 23,8.

3 Mateus 6,7; 7,21.

4 Carta T132, para Cecca di Clemente Gori, Giovanna di Capo, Caterina dello Spedaluccio e outras irmãs Mantellate de Siena, volume I. O prefixo "T" indica a numeração das cartas elaboradas por Niccolò Tommasèo. As citações foram extraídas de *The Letters of St. Catherine of Siena*, trad. e ed. Suzanne Noffke, v. I (nova edição revisada), II e III (Tempe: Medieval and Renaissance Texts and Studies, 2000, 2001, 2006) (v. IV em progresso).

também com seu exemplo, desde seu nascimento até o fim da vida"[5]. Repetidas vezes Catarina aponta para Cristo como o modelo vivo de determinadas virtudes e convoca a si mesma e a nós a imitá-las.

Mas a voz preeminente da revelação de Deus por Jesus, o principal instrumento de seu ensino, é seu sangue – sua vida colocada a serviço do que Catarina chama de "a verdade de Deus", sua vida colocada a serviço da verdade segundo a qual "Deus nos ama de modo absoluto, Deus foi motivado pelo amor para nos criar à sua própria imagem e semelhança a fim de nos dar a alegria da eterna visão Dele"[6]. Nesse ponto, Jesus é mestre e modelo *par excellence*. A cruz, segundo Catarina, é sua cátedra professoral. Por isso, devemos "ir à escola" se queremos "aprender sobre a boa vida ou experimentá-la"[7].

> Esse estimado mestre tomou a cátedra da cruz a fim de oferecer-nos uma lição fundamentada na verdade. Por isso, nós, alunos, devemos permanecer servis (isto é, no servilismo da verdadeira humildade) para aprendê-la. É impossível aprendê-la se somos orgulhosos, porque o orgulho adensa nossa compreensão e destrói nossa capacidade de conhecer Deus[8].
>
> A essa maravilhosa escola, então! Pois essa energia e esse amor vão levá-lo adiante e serão sua vida! Abra os ouvidos, eu lhe digo, para escutar seu ensinamento - que é este: pobreza voluntária; paciência diante da injúria; retribuir com o bem a quem nos faz o mal; ser pequeno, humilde, oprimido e desamparado no mundo; [tolerar] zombaria, tormento, injustiça, difamação, fofoca, dificuldades e assédio do mundo, dos demônios visíveis ou não e de nossa própria carne fétida que (por ser rebelde) está sempre desejando desafiar seu Criador e lutar contra o espírito[9]. Significa sofrer com paciência e resistir com as armas do ódio e do amor. Oh, doce e aprazível ensino! Esse é

5 *Dialogue* 151. As citações foram extraídas de *The Dialogue of Catherine of Siena*, trad. Suzanne Noffke, New York, Paulist Press, 1980.

6 Carta T9, para irmã Lucretia di Santa Caterina, irmã Colomba, irmã Arcangiola e irmã Margherita de Prato e para Caterina di Ghetto, v. III.

7 Carta T226, para Raimondo da Capua, v. II.

8 Carta T216, para Nigi di Doccio Arzocchi, v. III.

9 Romanos 7,21-23.

o tesouro que ele escolheu para si mesmo e deixou a seus discípulos, legou-o como a maior riqueza que poderia ter legado[10].

Jesus crucificado não é somente o mestre; ele também é o livro, escrito de próprio punho no Espírito, sobre seu corpo crucificado, "em cartas tão extensas que nenhuma, por mais tola que seja, deixa de ser digna de ser lida. E ele o escreveu não a tinta, mas com seu próprio sangue. Pode-se ver claramente os capítulos iniciais iluminados dessa obra, e quão volumosos são. Todos eles mostram a verdade do Pai eterno, o indescritível amor com que fomos criados"[11].

Jesus, mestre e livro, torna-se para nós "o caminho e a verdade e a vida"[12] – o caminho "a ser percorrido por todos aqueles destinados a vir a Deus"[13], a verdade "não obscurecida por qualquer falsidade" e a vida na graça divina de modo que nós "jamais morramos de fome, pois a Palavra tornou-se ela própria [nosso] alimento"[14]. No pecado de Adão, a estrada pela qual a humanidade caminhou com e em Deus era "tão decaída [...] que ninguém conseguia atingir a meta da vida eterna. É por isso que Deus Pai, compelido pelo ardor de sua caridade, enviou-nos a Palavra, seu Filho primogênito. Ele veio como uma carruagem de fogo[15], revelando-nos a chama do amor e da misericórdia inefáveis do Pai eterno. Ele nos instruiu no ensino da verdade e mostrou-nos o caminho do amor no qual devemos nos manter"[16]. Esse caminho está, na realidade, *incorporado* em Jesus, suas pedras representando as sólidas virtudes dele pavimentadas pelo limo da chama do Espírito imersa no sangue dele. Pois "não há sangue sem chama, nem chama sem sangue"[17].

Cristo e o Espírito estão unidos na obra da redenção e no ensino do caminho. "Quando [Jesus] foi criado nas alturas e retornou a mim", diz Deus em *The Dialogue*, "enviei o Espírito Santo como mestre [...] ele veio

10 Carta T226, para Raimondo da Capua, v. II.

11 Carta T316, para Daniela de Orvieto, v. III.

12 João 14,6.

13 Oração 3. Citações extraídas de *The Prayers of Catherine of Siena*, 2. ed., trad. e ed. Suzanne Noffke, San Jose/New York, Authors Choice Press, 2001.

14 *Dialogue* 27.

15 Ver 2Reis 2,11, onde Elias é levado ao céu em uma carruagem de fogo.

16 Carta T35, para frade Niccolò di Ghida, frade Giovanni Zerri e frade Niccolò di Jacomo di Vannuzzo, v. III.

17 Carta Gardner I para Bartolomeo dela Pace Smeducci da Sanseverino (v. I), e em outras partes.

para tornar ainda mais firme o caminho que minha Verdade deixara no mundo por meio de seu ensinamento. Por isso, embora a presença de meu Filho não estivesse mais contigo, seu ensinamento [...] permaneceu, assim como suas virtudes, as pedras sólidas que embasam esse ensinamento"[18].

"E eu, quando for levantado da terra, todos atrairei a mim."[19] Quando alcançamos, diz Catarina, a "era do discernimento"[20] – qualquer que seja o ponto onde começamos a distinguir verdadeiramente o real do irreal – "nosso entendimento fica face a face com o ensinamento de Cristo crucificado, a nós concedido em amor, e nossa vontade, por conseguinte, apressa-se com grande ansiedade a amar esse ensinamento"[21]. Então, "despidos do peso de nosso antigo eu que pesa e preocupa", adotamos esse ensinamento como uma vestimenta que é leve, porém aquece, e "nos envolvemos firmemente com ela"[22]. Tomamos esse ensinamento de tal maneira que o caminho de Jesus torna-se o nosso e seguimos adiante com "ânsia ardente", inabalados pelo sofrimento, imperturbados pela consciência,[23] nossas vidas colocadas a serviço disso, pela verdade de Deus, a verdade que ama até mesmo ao ponto de morrer.

Foi dito repetidas vezes que o conhecimento de Catarina não era produto do estudo humano, que somente Deus era seu mestre e que seu conhecimento era "infundido". As obras de Catarina, contudo, e as de ao menos alguns de seus contemporâneos dispõem de muita evidência do estudo e das constantes pesquisas dela. É evidente em seus escritos que ela possuía uma mente brilhante e uma memória prodigiosa. Ela era conhecida por seu questionamento incansável e discernente aos teólogos de seu círculo, por perseguir diferenças de interpretação até satisfazer sua mente. Não se trata de modo algum de negar o papel de Deus e da graça divina. Pois, se aquiescemos na fé que Deus é, então *tudo* é "Deuseficado", *tudo* é graça divina! A sabedoria de Catarina era realmente uma graça divina, mas também fruto de esforço pessoal.

Não obstante, embora aprendesse muito com os livros e os mestres humanos, Catarina estudou acima de tudo na escola do Cristo crucificado

18 *Dialogue* 29.

19 João 12,32 (citado frequentemente por Catarina em contextos como este).

20 Oração 16.

21 Carta T263, para Montagna da Narni, v. III.

22 Oração 16; Carta T299, para Ristoro di Piero Canigiani; Carta T297, para Niccolò Soderini.

23 Carta T188, para irmã Bartolomea della Seta, v. III; Carta T299, para Ristoro di Piero Canigiani, v. III.

– certamente em sua oração e sua contemplação solitárias, mas também em suas conversas e no desenredar de suas centenas de cartas. Uma análise de suas obras, agora acessível em pelo menos relativa ordem cronológica[24], mostra claramente como ela trabalha com as ideias, o desenvolvimento de seu pensamento ao longo do tempo e a cada vez mais profunda integração de sua síntese de tudo em uma peça de tapeçaria em que cada tema entrelaça-se com os demais. Mas uma interpretação errônea desse crescimento seria vê-lo como mera jornada intelectual em vez de como busca persistente e fervorosa de Catarina nos meandros do Mistério que é a verdade de Deus.

Quando a jovem Catarina viu-se diante do *insight* (sim, agraciado) de que Deus não seria encontrado em isolamento do mundo e das pessoas, sua "era de discernimento" chegara. Ela começou a atrair outros para sua busca, e a Catarina discípula tornou-se a Catarina discípula-mestra.

Seu encontro resoluto, franco, inexoravelmente honesto e cada vez mais profundo com a Verdade, com o Mistério que Deus revelou em Jesus crucificado, levou Catarina de um isolamento e um retraimento absolutos do mundo para um estilo de vida pastoral pleno. As necessidades das pessoas induziram-na primeiro a conversas e relacionamentos a partir dos quais nasceu uma *famiglia* da qual ela se orgulhava de ser a *mamma*. Entre seus companheiros e logo discípulos estavam mulheres e homens, clérigos, leigos e religiosos. Alguns atuavam em círculos políticos e intelectuais. Muitos eram mais velhos e superiores a ela em educação e condição socioeconômica[25]. À medida que seu círculo se ampliou e sua sabedoria e seu dom para a mediação conquistaram notoriedade, ela se dedicou a ditar cartas e eventualmente um livro que seus seguidores passaram a chamar de *O Diálogo*, todas elas obras que se chamariam hoje em dia de teologia pastoral. Ela tinha a habilidade de aplicar com notável bom senso a indivíduos reais e suas situações de vida reais os conceitos e *insights* teológicos que havia assimilado com prodigiosa memória e integração. Falava e escrevia com base naquela em que se transformava constantemente – como mulher, como amiga, como cuidadora, como pensadora e como mestra, como dominicana e como membro aflito de uma Igreja atormentada.

Foi em algum momento por volta de 1370 que Catarina começou a adotar a atividade de escrever cartas como um de seus meios favoritos de

24 Ver a Introdução ao v. I de *The Letters of Catherine di Siena*, trad. Suzanne Noffke, para obter uma descrição detalhada dessa análise.

25 Embora ela servisse generosamente aos pobres, teria sido impensável para Catarina, pertencente a outra classe, socializar com eles.

aproximar-se dos outros, aconselhá-los e influenciá-los – possivelmente em uma modelagem consciente de si mesma à semelhança de Paulo, o Apóstolo, a quem ela estimava em especial. Ela abordou uma variedade notavelmente ampla de seus contemporâneos – papas, cardeais e bispos, membros da realeza e autoridades públicas, familiares e amigos, além de discípulos e muitos outros, incluindo aliados e oponentes, um capitão mercenário, uma prostituta, um homossexual e prisioneiros políticos. Seu objetivo, contudo, era sempre mais profundo do que meramente social ou informacional; ela se interessava sobretudo pela dimensão eterna das vidas individuais e dos assuntos comunitários. Pregava, incitava, denunciava, simpatizava, encorajava – sempre no contexto do Mistério de Deus revelado em Cristo crucificado.

Com o passar do tempo, porém, Catarina passou a não se contentar mais com esse alcance individual. No outono de 1377, ela começou a ditar o que chamou simplesmente de "o livro". No que seria mais tarde conhecido como *O Diálogo*, ela tentou resumir a seus seguidores, e a qualquer outro que se interessasse em lê-lo, o que ela aprendera desse Mistério e suas implicações para a vida de fé.

Além disso, um grande número de orações proferidas por Catarina, embora certamente nada próximo da totalidade delas, foi preservado – algumas no contexto de suas cartas (pois ela irrompia em orações enquanto ditava, com a mesma facilidade enquanto mantinha uma conversa), algumas em seu livro, algumas incorporadas a narrativas de sua vida e, por fim, algumas que foram anotadas, com ou sem seu consentimento, enquanto ela pregava em êxtase, e que eventualmente se tornaram parte de uma compilação específica.

Os escritos de Catarina trazem a marca da pregadora que ela quis ser desde a infância. Apesar de sua inclinação a divagar e, por causa do uso abundante de parênteses, a perder a continuidade de frases iniciadas, seu raciocínio é construído com uma coesão que desafia uma busca por inconsistência ou incoerência. Não que ela desenvolvesse ou tentasse desenvolver algo como uma teologia "sistemática", inclusive em seu *Diálogo*; seus interesses eram místicos e pastorais. Pode-se considerá-la "original"? Ela foi, sem dúvida, influenciada por padrões fortemente agostinianos e escolásticos por meio de sua tradição dominicana e seus mentores agostinianos. Em suas obras, também encontramos referências a Gregório, o Grande (a quem ela considerava um modelo para os papas) e ecos de contemporâneos próximos cujas obras eram as favoritas de tantos pregadores da época: Jacopo da Vorazze, Domenico Cavalca, Iacopone da Todi, Jacopo Passavanti, Giovanni Colombini. Não obstante, ela raramente cita diretamente esses autores para sustentar sua posição. Em vez disso, assimilou de tal forma os pensamentos deles que eles são, por assim dizer, simplesmente parte de seu vocabulário, a pleno serviço de sua própria síntese. Assim também com as Escrituras de ambos os testamentos: ela as cita com relativo comedimento, mas permeiam sua expressão, em especial os textos paulinos e joaninos.

Os grandes temas da teologia e da espiritualidade de Catarina começaram a tomar forma já nas cartas que ela redigiu durante os primeiros anos de sua vida pública: a centralidade e a inseparabilidade da verdade e do amor; o ser humano como imagem da Trindade divina; Jesus Cristo como o redentor e o caminho; a unidade do amor por Deus e do amor pelo próximo; o conhecimento dual de Deus e do eu; a Igreja como continuidade da vida de Cristo na terra; o mistério da providência. Mas unir tudo isso com intensidade e integração cada vez mais aprofundadas foi a realidade que primeiramente impeliu Catarina a abandonar a solidão e ingressar no mundo: Deus revelado em Jesus Cristo, a Sabedoria encarnada, colocando sua vida a serviço da verdade do amor de Deus e convocando cada cristão a identificar-se com ele como corredentor de nosso mundo.

Ao acompanhar os escritos de Catarina ano após ano, nota-se seu crescente envolvimento com as relações familiares e eclesiásticas, o movimento das cruzadas, o retorno do papado a Roma, a reforma da Igreja e a reunificação dessa Igreja quando o Grande Cisma do Ocidente solapou-lhe a vitalidade e as derradeiras energias dela própria. Embora abordasse as questões não como um político, mas como alguém profundamente preocupado com os valores morais e eclesiásticos em risco, Catarina estava no vórtice de alguns dos mais cruciais acontecimentos do final do século XIV e mantinha relações próximas com muitos dos que estavam intimamente envolvidos com a política civil e eclesiástica desses eventos. As várias repúblicas que formam atualmente a Itália apenas começavam a sentir a força de sua independência, e nesse processo viram-se em especial tensão com o poder político e econômico do papado. As questões no cerne do conflito eram realmente complexas, e em certos aspectos escapavam à compreensão de Catarina. Mas ela possuía plena consciência de que a unidade da Igreja estava ameaçada e de que nenhum lado detinha o monopólio sobre o certo e o errado. Ela encontrou repetida frustração e fracasso por causa de sua falta de sofisticação política. Mas sua determinação inabalável quando valores religiosos eram questionados manteve-a obstinadamente no encalço de cada desdobramento crucial, seja por carta, seja por deslocamentos até os cenários de tensão. É questionável se em qualquer conjuntura além do retorno de Gregório XI a Roma ela tivesse exercido real influência no efetivo desenrolar dos acontecimentos – embora alguns julguem que, ao convencer Gregório a deixar Avignon, ela foi responsável pelo cisma subsequente. Entretanto, onde quer que houvesse acontecimentos distorcendo a integridade espiritual da Igreja, lá estava Catarina, sempre a mestra e a pregadora, e sua presença não podia ser ignorada.

No entanto, ainda mais poderosa do que suas palavras escritas e faladas era a autenticidade da vivência de Catarina do Mistério que pregava. Ela havia abraçado realmente para si o modo de seu mestre Jesus crucificado; sua vida estava constante e abertamente a serviço do amor pela Verdade, de sua Igreja e seu mundo, de cada pessoa que conhecia. No final das contas, muitos de seus mais caros esforços fracassaram. A Igreja que ela tanto amava seria a fonte de seu mais intenso sofrimento. Não seriam nem suas palavras, nem mesmo seu trabalho que falariam mais eloquentemente, mas o incondicional dom de sua vida.

O carisma – dom do Espírito – de ensinar para o bem comum da Igreja finca raízes não na autoridade jurisdicional mas na moral, em ser antes de tudo e sempre um *discípulo* – e como tal ser carregado resolutamente à própria Chama da Verdade, em que nos tornamos tanto o nosso eu mais verdadeiro quanto uma fonte de luz para os outros. Somente assim a convocação para ensinar dentro da Igreja realiza-se na verdade. Assim é Catarina de Siena, Doutora – mestra – da Igreja[26]. Ela própria colocou os doutores da Igreja em um contínuo de crescimento rumo à Verdade que é Deus, uma jornada que está aberta a todos nós. Os "doutores" que fizeram essa jornada de um modo extraordinário foram "arrebatados" para a própria Chama que é Deus e estão tão permeados dessa luz que iluminaram o caminho dos outros com uma luz que todos podem compartilhar do modo como forem capazes ou estiverem preparados[27].

Pio II, que canonizou Catarina em 1461, disse: "Ela parece ter sido uma mestra em vez de uma discípula"[28]. Não! Assim como os doutores da Igreja a quem escreveu, ela foi uma discípula que, por ser tão plena, perene e entusiasticamente discípula, tornou-se por isso mesmo mestra. Isso está no cerne da questão para todos os que serão professores de fé, mas com particular urgência para aqueles que se autodenominam a Ordem dos Pregadores, cujo compromisso declarado é com a Verdade.

---

26 Ver Suzanne Noffke, Catherine di Siena, Justly Doctor of the Church, *Theology Today*, (abr. 2003) 49-62.

27 *Dialogue* 85.

28 Citado no processo de concessão do título de Doutora da Igreja a Catarina, *Urbis et Orbis*: "Concessionis tituli Doctoris et extensionis eiusdem tituli ad universam ecclesiam necnon officii et missae de communi doctorum virginum in honorem s. Catharinae Senensis, virginis Tertii Ordinis s. Dominici" (Roma, Sacra Rituum Congregatione, 1969, 418).

Bartolomeu de las Casas e Rosa de Lima: a busca pela liberdade[1]

Gabriela Zengarini, OP

> "O presente tem seu significado aprofundado quando nutrido pela memória de uma jornada, quando se tem a coragem de identificar os problemas não resolvidos, as feridas não cicatrizadas que – por isso mesmo – consomem vorazmente muitos esforços realizados."[2]

Pretendemos continuar a distinguir o momento presente de nossa pregação em meio aos povos da América Latina – e em meio a nosso povo em qualquer lugar do mundo – começando com a memória do testemunho e do pensamento de Frei Bartolomeu e de Rosa de Santa Maria. Ambos dominicanos, eles viveram nas proximidades de alguns dos eventos históricos que causaram "as feridas [ainda] não cicatrizadas" de muitos de nossos povos e de alguns de nós pessoalmente – feridas e problemas que desafiam nossas presenças e o ministério da pregação. De modos diversos, eles denunciaram e questionaram o sistema colonial e a forma de evangelização, mas também demonstraram alternativas para praticar a teologia, uma teologia comprometida e mística. Talvez dedicar atenção a suas palavras e seus gestos, a seus sonhos e sua teologia possa nos ajudar a renovar nossa aliança com nossos povos e com Deus presente em seu meio.

1 Adaptado de uma tese apresentada no retiro de CIDALC-CODALC em Lima, Peru, em fevereiro de 2007.

2 Gustavo Gutierrez, *En busca de los pobres de Jesucristo*, Salamanca, Sígueme, 1993, 645.

Bartolomeu de las Casas: missionário e, por conseguinte, teólogo

Todos nós conhecemos a vida fascinante de Bartolomeu de las Casas, seu amor incondicional pelos povos nativos da América e sua dedicação para que "a morte não seja tão senhora"[3] nessas terras.

Os discípulos de Jesus tornam-se missionários a partir de uma experiência fundamental, o encontro com Jesus (Jo 1,35 ss.; Jo 20,11-18). Após essa experiência inicial, eles não conseguem calar sobre o que viram e ouviram. Essa experiência é ponderada pela comunidade e expressa na teologia dos evangelhos. No âmbito dessa dinâmica cristã, eu gostaria de dedicar atenção a alguns acontecimentos que marcaram a vida de Bartolomeu e cujo fruto foi o primeiro tratado de missiologia da América Latina: *De unico modo*[4]. Sinto que esse texto é embebido por um profundo misticismo dominicano e entremeado com uma teologia da missão desafiadora.

Todos sabem como e por que Bartolomeu de las Casas chegou à América, sua ordenação e sua primeira prática como padre e dono de uma *encomienda*, bem como a influência dos dominicanos em sua conversão, mas eu gostaria de chamar a atenção para alguns eventos mais relacionados com a obra *De unico* e, portanto, com sua teologia e sua espiritualidade.

- Las Casas, então prior em Puerto de la Plata, para onde foi em 1527, testemunha os vestígios patéticos dos *lucayos* e narra seu extermínio; de lá, ele envia cartas ao Conselho. É proibido de pregar e por dois anos não retorna ao púlpito[5].
- Acompanhado por um frade, ele visita secretamente Enriquillo, nas montanhas de Bahoruco, onde esse líder rebelde derrotou e desarmou as expedições espanholas durante uma década e meia. Ele passa um mês com essa comunidade indígena e então, em uma segunda visita, leva o líder a Santo Domingo e a uma recepção triunfal na

---

3 Expressão de Las Casas: "Y cuando nunca, en otro tiempo tanto, o a lo menos no con tanta velocidad, fue la muerte tan señora?" (Carta ao Consejo de Indias V, 47b-48b). Citado em Gustavo Gutierrez, *En busca de los pobres de Jesucristo*, 645.

4 O título desta obra é *De unico vocationis modo omnium gentium ad vera religionem*; doravante *De unico*.

5 Cf Helen-Rand Parish, Harold E. Weidman, *Las Casas en Mexico*: historia y obras desconocidas, México, Fondo de Cultura Económica, 1992, notas 29-30, 90-91.

capital. Considerava-se que esse era o *único meio*: frades pregando sozinhos, sem soldados, e bom exemplo em vez de conquista[6].

- O Cardeal Loayza, presidente do Conselho das Índias, baseado nos relatos difamatórios de Betanzos (segundo o qual os índios eram "bestas" e todas as leis para sua proteção, inúteis), revoga uma lei promulgada durante sua ausência – a ordenação de 1530 – que proibia a escravidão dos índios. E emite uma ordem geral autorizando novas expedições escravagistas[7].
- Em 1533-1534, com *De unico*, Las Casas reage à difamação de Betanzos e à revogação da lei antiescravagista; antes de deixar Hispaniola em 1534, ele escreve a primeira versão de *De unico*, que serviu como base para a próxima fase missionária[8].
- Las Casas entra em contato com a forte corrente a favor dos índios na capital do México, liderada pelo Bispo Zumárraga. Também, nessa época, junho de 1535, Quiroga termina seu tratado contra a escravidão (*Información en derecho*), durante a visita de Frei Bartolomeu[9].
- Las Casas coloca nas mãos do Frei Bernardino Minaya seu tratado *De unico*, que servirá de base para a terceira seção das minutas das conferências mexicanas de 1536, que trata do verdadeiro método missionário e dos direitos indígenas. Esse documento capital de 1536, preparado por Frei Bartolomeu de Las Casas, é assinado por todos os bispos e precede a grande bula papal *Sublimis Deus*, que o Frei Bernardino Minaya obteve em Roma em 1537[10].
- Minaya leva a Roma os atos das conferências mexicanas de 1536 convocado por ordem do rei e do Conselho: a resolução sobre o batismo, provocada pela controvérsia entre os missionários (com os tratados de Quiroga e Oseguera); a resolução ou Acta condenando a escravidão de indígenas (com outra obra de Quiroga); e o citado documento capital das reuniões de 1536, com o tratado *De unico*.

6 Ibid., 30-31.

7 Ibid., 20.

8 Ibid., notas 32, 92.

9 Ibid., 34.

10 Ibid., 36-37.

- Após obter uma análise do material apresentado pelo Frei Bernardino Minaya, o papa concede-lhe três decretos históricos:

    1. Um breve pontifício, ou carta sucinta, dirigido ao Cardeal Juan Tavera, arcebispo de Toledo e primaz de Espanha, *Pastorale officium* (29 de maio de 1537).

    2. Uma bula geral ou ordem formal dirigida a "todos os bispos das Índias Ocidentais e Orientais" intitulada *Altitudo divino consilii* (1º de junho de 1537).

    3. Uma bula dirigida a todos os cristãos que "podem vir a ler esta carta", *Sublimis Deus* (2 de junho de 1537).

Essas três cartas apostólicas não só proclamam os direitos universais e a racionalidade e a liberdade dos índios, mas também ordenam os missionários a respeitar esses princípios, que devem ser aplicados contra os espanhóis com as sanções mais severas[11].

Bartolomeu não conhecia a realidade dos indígenas na América a distância; mas quando pisou sua terra ele viu e sentiu na pele a injustiça e a opressão. Com o Evangelho como seu ponto de partida, ele denuncia o que vê e ouve, e essa condenação traz consequências funestas. Não obstante, fortalecido pelo Espírito, ele continua a aprofundar seu relacionamento com as comunidades indígenas, forma redes com outros irmãos simpáticos à mesma causa e, a partir dessas experiências, alcança uma nova interpretação das fontes teológicas a fim de propor um novo projeto missionário. Por acaso não sentimos "nossos corações ardendo" quando ouvimos essa narrativa? Não cremos que nosso irmão continua a nos mostrar um jeito de sermos homens e mulheres dominicanos atualmente na América Latina – e por todo o mundo?

Agora quero apresentar alguns textos de *De unico* que proponho que "ruminemos" em nossos corações, pois acredito que eles questionam nossas relações e dinâmicas, mas ao mesmo tempo nos instigam a novas práticas.

O objetivo primordial dessa obra é provar que "A norma estabelecida pela Divina Providência para ensinar [às pessoas] a verdadeira religião é

---

11 Ibid., 19.

uma só, única e a mesma para todo o mundo e para todos os tempos; isto é, persuade a compreensão por meio da razão e gentilmente atrai e exorta a vontade. E deve ser comum a todas [as pessoas] do mundo, sem qualquer discriminação de seitas, pecados ou costumes depravados"[12]. O segundo objetivo é que "O modo inverso de pregar o Evangelho, isto é, primeiro sujeitar os infiéis ao domínio do povo cristão e, uma vez sujeitos, pregar a eles a fé de um modo regular, é condenável"[13].

Levarei em consideração somente alguns textos da primeira parte, pois acredito que é aí que Bartolomeu trabalha melhor a mística das novas relações tão necessárias nos dias de hoje.

Las Casas lembra-nos de que Deus atua em meio à humanidade e, portanto, que Deus convida-nos a atuar com os outros: "A sabedoria divina, de forma delicada, doce e suave, provê e move todas as criaturas para que realizem seus atos e tendam a seus propósitos naturais"[14]. Citando Santo Agostinho, Las Casas diz: "Há muitos que pensam e não creem; mas todos os que creem pensam [...] "[15]. "Consequentemente, a compreensão daquele que deve ser instruído na fé e na religião cristã deve ser convencida por meio de razão; de tal modo que por reflexão e investigação possa parecer benéfico e útil aderir e consentir a uma parte concreta."[16] É precisamente aí, quando a compreensão infere e compreende voluntariamente, que Las Casas coloca a raiz da liberdade[17].

> Para que a razão possa investigar, duvidar e discorrer com liberdade, que a compreensão possa julgar e conhecer livremente qualquer verdade que seja e que se possa aderir firmemente a ela por força da vontade – e, consequentemente, a própria razão e a compreensão desfrutem a liberdade [...] a vontade em seus atos não deve ser

12 Bartolomeu de Las Casas, *Obras completas. De unico vocationis modo*, Madrid, Alianza Editorial, 1990 (bilíngue), v. 2, cap. V, 1, 17; doravante *De unico*, com capítulo, parágrafo e número de página.

13 *De unico*, VI, 1, 379.

14 *De unico*, V, 2, 25.

15 Santo Agostinho, *De predestinatione sanctorum*, cap. 2, PL 44, 963.

16 *De unico*, V, 2, 31.

17 *De unico*, V, 3, 39.

> submetida a qualquer violência. Tempo, tranquilidade e serenidade são absolutamente necessários. O que está relacionado com a fé e a religião cristã não pertence àquilo que se sabe de um modo natural, mas àquilo que se crê de um modo voluntário, uma vez que a verdade não se evidencia de imediato à compreensão natural, pois transcende cada faculdade natural[18].

Para que as pessoas possam consentir livremente às verdades da fé é necessário que elas "as percebam como adequadas e dignas de desejo, busca e amor"[19]. E isso requer um método apropriado à natureza humana, que permita refletir sobre "se é necessário acreditar e aceitar por consentimento ou refutar por discrepância o que nos é proposto, e possamos posteriormente avaliar se é conveniente e digno de crença"[20].

Por outro lado, se "elas forem propostas de modo precipitado e com pressa, com estardalhaço repentino ou, talvez, o estrondo de armas que insuflam terror, com ameaças e açoites [...] é evidente que a mente humana será atemorizada [...] e a capacidade de compreensão não apreenderá nem enxergará como algo amável ou aprazível aquilo que foi assimilado"[21].

Esse argumento é ilustrado por Las Casas com uma história que ele extraiu das epístolas Pseudoclementinas, a *Epistola Clementis ad Jacobum de gestis Petri*[22]. De acordo com a história, o apóstolo Pedro fala com o próprio Clemente e com seus dois irmãos, Nicetas e Áquila, que desejavam ardorosamente a conversão do pai, com estas palavras:

> Conheço o grande amor que têm por seu pai; mas receio que se, de modo precipitado, ele for pressionado a aceitar o jugo da religião antes de estar preparado talvez aquiesça em sua consideração. Mas

18 *De unico*, V, 3, 41.

19 *De unico*, V, 4, 45.

20 *De unico*, V, 4, 47.

21 *De unico*, V, 4, 49.

22 A *Epistola Clementis ad Jacobum de gestis Petri* é uma obra ebionita. Os ebionitas eram um grupo de judeus que se converteram ao cristianismo, bastante influenciados por Qumran; eles se consideravam descendentes da primeira comunidade de Jerusalém. Ver Las Casas, *Obras Completas*, 2. De *unico vocationis modo*, 562.

> isso não será consistente [...] Minha opinião é que lhe permitam viver um ano como desejar, período em que, viajando conosco, enquanto doutrinamos aos outros, ele poderá limitar-se a escutar. Aprendendo dessa maneira, se realmente tiver a intenção salutar de reconhecer a verdade, ele pedirá para aceitar o jugo da religião; e, caso não esteja satisfeito com tal compromisso, permanecerá como um amigo[23].

Novamente, Las Casas observa aqui que o modo de conduzir as pessoas à ciência assim como à religião é em conformidade com a natureza, isto é, do imperfeito para o perfeito, gradual e lentamente, por causa de sua tendência a um determinado fim, porque nascem para agir assim e, ao contrário, "a natureza abomina tudo que seja violento e súbito"[24]. Nesse modo de agir, uma pessoa deverá ter em mente que "[as pessoas] desejam ouvir os outros falar de coisas que lhes sejam familiares [...] e, quando não, elas parecem não ser igualmente fiéis a nós"[25].

O caminho para o encontro entre pessoas diferentes que Frei Bartolomeu propõe começa com a confiança, o respeito e a estima em relação ao próximo. Precisamente por essa razão ele conta com a liberdade de cada pessoa poder concordar ou discordar e, qualquer que seja a decisão, preservar-se a amizade. Imaginar que isso foi escrito em meados do século XVI deixa-nos perplexos atualmente, quando muitos tipos de fundamentalismo geram violência e guerras.

Santa Rosa de Lima: mística e profeta

Sabe-se que Isabel Flores de Oliva (Rosa de Santa Maria, como ela mais tarde passou a se chamar) nasceu em Lima no mês de abril de 1586 e morreu em agosto de 1617. No início do século XVII, a Cidade dos Reis, como Lima fora batizada, consolidou-se como uma metrópole, o centro do poder político e econômico de um novo espaço social[26]. Tratava-se de uma

---

23 *De unico*, V, 4, 51.

24 *De unico*, V, 8, 87.

25 *De unico*, V, 9, 95.

26 Para compreender o contexto histórico e a vida de Rosa, recorri a uma série de fontes, incluindo a tese não publicada de Cynthia Folquer, *Rosa de Lima y la experiencia religiosa femenina en el siglo XVII peruano. Estado de la cuestion.*

cidade barroca em que se promoviam as letras, as artes e a reflexão teológica e mística. Também estava sujeita à ameaça de revoltas indígenas, da presença constante de piratas na costa e da violenta "erradicação de idolatrias" pela Inquisição. Nessa cidade de contrastes, observamos algumas mulheres misericordiosas que combinavam oração e misticismo a serviço dos pobres e doentes. Santa Rosa era uma delas – uma leiga, mística e missionária dominicana. Eu gostaria de ressaltar alguns dos fatos da vida de Rosa e tentar abordar suas opções em resposta à realidade contextual em que vivia.

Rosa no mundo dos mineiros[27]

Em Quives, segundo relato de Frei Alvarez, Rosa abriu os olhos para uma realidade incontestável: as *mitas* de mineração eram realmente uma forma de escravidão. O pai de Rosa assume a supervisão de uma operação mineira na cidade de Quives, a cerca de sessenta quilômetros de Lima. Sabe-se que, após quatro anos de operação, a mina desmoronou. Qual foi o destino dos índios que trabalhavam nessas cavernas? Nada foi escrito a esse respeito. Muito provavelmente morreram no fundo da mina. Aqueles que não morreram com o acidente foram consumidos pela silicose ou pela fome, reduzidos à miséria e à mendicância. Quando Rosa, aos 14 anos de idade, ainda vivia em Quives, os mineiros foram obrigados a duplicar a produção da mina. Muitos autores associam as penitências que ela assumiu a uma forma de solidariedade ao sofrimento dos indígenas nas *mitas* e à dor de suas mulheres que viam filhos e maridos morrer na *mita*. Essa experiência de Rosa em Quives ficou-lhe gravada profundamente na memória e, mais tarde, encontraria expressão em suas visões de Jesus Cristo como mestre de minas a céu aberto, onde, juntas, mulheres esculpiam as pedras fundamentais de uma nova Igreja nas Índias.

A solidariedade de Rosa não se restringia aos mineiros. Diz-se que ela visitava hospitais como o São Bartolomeu para negros, o Santa Ana para indígenas e o São Lázaro para leprosos. A condição física desses hospitais era deprimente. Ela também visitava os doentes que, devido à gravidade de suas

27 Guillermo Alvarez Perca, *Santa Rosa de Lima: una realizacion de la vocacion cristiana*, Lima, Convento de Santo Domingo, 1996, 61 ss. Noe Zevallos, *Rosa de Lima: compromiso y contemplacion*, Lima, CEP, 2000, 31 ss.

doenças, não podiam sair de casa, e quando necessário ela os levava para uma casa onde reservara alguns quartos que chamava de "enfermaria".

Rosa e seu amor pela cidade

Em 1615 surgiu nas águas do Pacífico o pirata holandês Spilbergen: eram tempos de lento assentamento colonial. Quando a presença de navios holandeses foi constatada, o vice-rei do Peru, marquês de Montesclaros, enviou algumas embarcações ao encontro deles. Rosa estava na exposição do Santíssimo Sacramento na igreja de Santo Domingo. Em certo momento, ela subiu ao altar para pregar que as pessoas defendessem a cidade, que, de acordo com Frei Vargas, estava desprotegida. Rosa era uma beata de 29 anos na época. Também se disse que ela cortou seu hábito da terceira ordem para poder subir mais facilmente ao altar. Rosa, capaz de mobilizar as pessoas, capaz de transmitir seu amor por Deus e pela cidade[28].

Rosa, uma leiga contemplativa

Rosa não seguiu o caminho do matrimônio nem o do convento, mas preferiu viver sua vida cristã como leiga. Ela interpretou sua vocação laica como desígnio de Deus. Frei Alvarez apresenta-nos uma versão desse acontecimento:

> Seus biógrafos relembram duas oportunidades em que Rosa tentou ser freira e nem sequer passou pela soleira dos mosteiros de Santa Clara e da Encarnação. A primeira oportunidade foi frustrada porque sua mãe se opôs e seus confessores julgaram que assim seria melhor para ela. A segunda vez foi quando sua avó e sua mãe estavam doentes [...] Nessa época o irmão Fernando a acompanhava quando Rosa permaneceu presa ao chão, incapaz de se mover, no templo de Santo Domingo. Seus biógrafos citam o ocorrido dizendo: "No final das contas, ela pensou que sua determinação não estava a serviço de Deus, por ter nascido de um momento de mau humor por causa de contrariedades familiares. Ela invocou a Virgem pedindo-lhe o perdão

28 ZEVALLOS, *Rosa de Lima: compromiso y contemplacion*, 43ss.

> do Filho dela por sua falta", e voltou para casa. A razão fundamental, ao que me parece, era outra. Rosa desistiu de ser freira simplesmente porque a segregação racial nos mosteiros era um sinal antievangélico e, portanto, um motivo de escândalo no restrito mundo da Lima daqueles tempos [...] Rosa lamentava que os mosteiros e conventos da época se permitissem ser repletos das ideias dos colonizadores e não soubessem como colocar sempre a igualdade evangélica acima das outras condicionantes humanas. Não é exagero afirmar que esse fato excruciante na vida incipiente da Igreja peruana inspirou em Santa Rosa a feliz ideia de fundar um mosteiro dominicano sob o patronato de Santa Catarina de Siena, onde mulheres de todas as linhagens sociais – indígenas, espanholas, mestiças, negras e descendentes de mouros – poderiam encontrar-se como irmãs. A documentação oficial que ela enviou à Espanha para obter a permissão, o montante de dinheiro remetido, as cartas dirigidas a religiosos influentes na Espanha e sua dedicação à formação cristã e religiosa dos candidatos para o futuro mosteiro em que ela morre sem ter conhecido são evidências convincentes de que Rosa desejava algo novo na vida religiosa no Peru de sua época[29].

A hagiografia tradicional acentuou a dimensão de forte ascetismo e mortificação de Rosa de Santa Maria, mas se esqueceu de outros aspectos de sua vida, como a experiência mística. Leitora assídua do Frei dominicano Luis de Granada, ela promoveu a leitura dele em sua esfera de influência; também conhecia as obras de Henry Suso, OP, e por meio delas familiarizou-se com a escola de Rhineland, fundada por Meister Eckhart, outro dominicano.

Sua familiaridade com a vida e a obra de Catarina de Siena revela-se na simbologia usada por Rosa para expressar suas experiências interiores: ponte, escada, pés, ferida, boca, adega. Assim como Catarina, ela constrói seu eremitério, busca prece, solidão e silêncio; pratica jejum e descreve sua experiência de união com Deus com base nos símbolos do casamento místico. De sua solidão, Rosa questiona seus contemporâneos e, acima de

29 Alvarez Perca, *Santa Rosa de Lima: una realizacion de la vocacion cristiana*, 51-52. Zevallos, *Rosa de Lima: compromiso y contemplacion*, 58-59.

tudo, seu modo de vida anticristão, causas do sofrimento de indígenas e escravos negros[30]. Ela lera as palavras de Eckhart em seu *Retreat Sermon* de que "Deus e eu somos um" e que "Deus não falha em adentrar um coração sossegado". Rosa optou por uma "solidão deliberada"[31] porque lhe permitia ser ela mesma e verdadeiramente una, em união com Jesus Cristo e a serviço dos outros. Esse é, na realidade, o objetivo da solidão, ser plenamente si mesmo. Pois a solidão é necessária para ouvir a voz interior e escutar a Deus que nos fala a partir dessa interioridade; é nesse ponto que podemos pedir e "escutar" a orientação divina, uma vez que é impossível ouvir em meio ao ruído da vida cotidiana. Novamente hoje em dia, com o testemunho de sua vida, Rosa coloca diante de nós o ideal dessa solidão contemplativa: exigindo tempo e penetrando na profundeza interior, a solidão pode nos revitalizar e nos renovar.

Rosa, missionária e teóloga

Um dos primeiros biógrafos de Rosa, o dominicano Leonardo Hansen[32], fornece elementos que nos permitem conhecer a personalidade de Rosa pela liberdade com que exortava os freis dominicanos a se dedicar fervorosamente à pregação:

> ... especialmente aos religiosos de sua ordem, ela suplicava, exortava e protestava para que ordenassem a esse fim, desde o início, todos os seus estudos e noites insones e que essa fosse a meta gloriosa e sublime de todas as suas tarefas [...] que não é correto manter disputas metafísicas intermináveis, que na maior parte do tempo consistem em inúteis distinções de termos, cansando toda sua vida com controvérsias e discussões sobre o sentido das palavras. Que eles usarão

30 Alvarez Perca, *Santa Rosa de Lima: una realizacion de la vocacion cristiana*, 122.

31 Estes Clarissa Pinkola, *Mujeres que corren con los lobos*, Buenos Aires, Priting Books, 2003, 473-479. Clarissa escreve: "Hace tiempo, el adjetivo ingles alone (solo) equivalia a dos palabras: *all one*, es decir, 'todo uno'. Ser todo uno significaba ser una unidad total, una unicidad, tanto con caracter essencial como transitorio" (474).

32 Leonardo Hansen, *Vida admirable de Santa Rosa de Lima*, Patrona de Nuevo Mundo, trad. Jacinto Parra, Madrid, Vergara, 1929. A primeira publicação da obra data de 1664. Citado em Cynthia Folquer, *Rosa de Lima y la experiencia religiosa femenina*..., 17-18.

> mal essas obras contínuas das escolas, tantas noites em claro, tanta altercação com teimosia e gritos, se a erudição adquirida ao custo de tanto trabalho não for empregada na saúde de seus vizinhos e na propagação da fé; e, ademais, se o único propósito for o aplauso e a vaidade, focado na aquisição do grau de mestre e na pompa excessiva do triunfo das escolas [...] O santo assegurou que, "se ela não fosse mulher, teria de ser sua primeira preocupação, ao terminar os estudos, entregar-se completamente às missões e à pregação do Evangelho, desejando ir para as províncias mais ferozes, bestiais e canibais; somente levar saúde e remédios para os indígenas, à custa de seu sangue e seu suor, e com a força da pregação e do catecismo"[33].

Luis G. Alonso Getino, outro de seus biógrafos, relata a percepção que seus confessores tinham dela:

> Rosa permitiu que se ouvissem nessa ocasião – a do exame de seu espírito – axiomas tão profundos e sólidos, conceitos tão sublimes e afiados, sentenças tão apropriadas, pertinentes, inteligentes e sutis que o examinador não pôde deixar de confessar diante de muitas pessoas que ele jamais vira um talento tão iluminado e discernente para a argumentação. Exatamente o que ele admirou mais tarde, observando o método que Rosa usava ao se confessar; com tal distinção de palavras, tamanhas adequação e circunspecção que pareceu a mestre Lorenzana que ele estava escutando não uma mulher, mas um teólogo consumado e bem preparado[34].

Muitas vezes também somos surpreendidos ao vê-la dialogando animadamente com os mestres, pregadores e leitores do convento, que naquela época ocupavam cátedras acadêmicas e posições na Universidade de San Marcos. Seu confessor, Frei Juan Lorenzana, relata: "ela falava da

---

33 Ibid., 18.

34 Luis Getino, *Santa Rosa de Lima: Patrona de America – su retrato spiritual y su talla intellectual*, Madrid, 1943, 9-10. Citado em Cynthia Folquer, *Rosa de Lima y la experiencia religiosa femenina...*, 18.

vida e dos mistérios de Nosso Senhor Jesus Cristo, em cuja meditação ela se ocupava continuamente"[35].

À guisa de conclusão

Sinto que Bartolomeu e Rosa fizeram teologia porque eram capazes de viver um casamento místico com Jesus Cristo presente nos povos da América. A ousadia mística é que permite a homens e mulheres desafiar sistemas de morte, tais como o de globalização colonial e o patriarcal. Eles elaboraram "uma palavra sobre Deus" porque eram capazes de contemplação, profecia e sonho.

Em meio a um sistema colonial no qual ouro e prata eram ídolos a quem se ofereciam milhares de vítimas indígenas e negras, Frei Bartolomeu elabora uma teologia de missão que denuncia esse sistema e proclama um novo paradigma de missão baseado em justiça social, no direito do "outro", em que cada pessoa é digna, capaz e livre, e deve ser tratada como tal. "A contemplação de Deus no outro, na vida, nas questões sociais, na história, na luta instala misticismo na política, na economia, na cultura. Não é essa a novidade surpreendente de Las Casas?"[36]

No âmbito de um sistema patriarcal em que as mulheres não podiam ser teólogas ou missionárias, como vimos nos textos anteriores, Rosa tem a ousadia mística de vislumbrar uma Igreja em que são as mulheres que preparam as pedras fundamentais para uma nova comunidade cristã; tem a liberdade de convocar seus irmãos dominicanos a ser mais fiéis à pregação do Evangelho; denuncia a vida religiosa discriminatória de sua época; e, em especial, entrega-se sem limites aos mais pobres e desprezados, assim transgredindo as autoridades familiar e social.

Será possível que, como uma família dominicana, nós nos deixaremos ser questionados pela ousadia mística e profética de Bartolomeu e Rosa? E nossa teologia será o fruto dessa mesma ousadia. Contamos com seus testemunhos e sua companhia pela estrada.

---

35 ALVAREZ PERCA, *Santa Rosa de Lima: una realizacion de la vocacion cristiana*, 57.

36 Carlos Josaphat PINTO DE OLIVEIRA, OP, *Las Casas: Deus no outro, no social e na luta*, São Paulo, Paulus, 2005, 73.

O carisma do estudo na educação dos dominicanos

Guido Vergauwen, OP

O estudo não é uma prioridade entre outras. Afinal de contas, ele está intimamente ligado a uma única prioridade da Ordem Dominicana, que é pregar a Palavra, o que, por sua vez, se traduz em uma pluralidade de opções e compromissos na missão. É o que dizem as Constituições dominicanas, e estas reproduzem o texto das primeiras Constituições: "*Studium nostrum ad hoc principaliter ardenterque summonpere debet intendere ut proximorum animabus possimus utiles esse*" ("Nosso estudo deve ser principal e zelosamente dirigido a isto, que sejamos úteis às almas de nossos próximos")[1].

Os estudos dominicanos devem ser úteis – não têm por finalidade a arte, uma ocupação que permitiria aos dominicanos fugir de outras responsabilidades; mas eles devem servir às almas: e isto por si só descarta qualquer entendimento de que o papel do estudo é utilitário, funcional ou meramente pragmático. Os estudos em si são um apostolado, uma parte integral da missão. Pode-se afirmar que formam a dimensão contemplativa e cognitiva da missão. Sabe-se que os primeiros irmãos extraíram as mais concretas conclusões disso no tocante à organização da vida dominicana. O estudo é algo sério e útil: não deveria haver nenhuma casa que não tivesse seu prior e seu leitor (conventual); e o prior não deve se ausentar dos cursos do leitor. Na realidade, durante esses cursos os irmãos não eram convocados para celebrar a Eucaristia ou cuidar de qualquer outro assunto na cidade. Foi o Capítulo Geral de 1259 (realizado em Valenciennes) – o mesmo que redigiu a primeira *Ratio studiorum generalis* – que sugeriu que se organizasse uma série de cursos sobre temas pastorais específicos. Mais tarde, ao discorrer sobre as

1 *The Book of Constitutions and Ordinations of the Brothers of the Order of Preachers*, Dublin, Dominican Publications, 2001, 48, n. 77, § 1.

diversas obrigações da vida religiosa, Humberto diria (em 1265) que os leitores conventuais deveriam tirar férias quando os demais irmãos estivessem ausentes ou particularmente atarefados pregando (como no Nascimento de Cristo ou na Quaresma), e também que eles deveriam dedicar seu tempo livre a acompanhar e promover os melhores alunos (tutoriais). Durante os cursos que ministravam, eles deveriam seguir o texto à risca, não ceder, em outras palavras, à especulação. Deveriam ensinar o que está descrito como "*materia utilis et intelligibilis*", "assuntos úteis e inteligíveis"[2]. Além disso, não surpreende que Humberto atribuísse grande importância à biblioteca: deveria haver um grande número de bons exemplares da Bíblia, decretais e sumários de teologia moral, e o local deveria ser silencioso e aprazível para o estudo. Em seu comentário sobre a Regra de Agostinho, Humberto costumava ressaltar a utilidade dos estudos na Ordem; é um privilégio, por assim dizer, poder por meio do estudo abordar o mistério da santidade divina.

O estudo torna a Ordem atrativa: muitas figuras distintas e interessantes jamais teriam ingressado nela "*nisi ibi esset studium*" ("não tivesse o estudo sido encontrado ali")[3]. Muitas vocações amadureceram dentro da Ordem graças ao estudo. Trata-se de um carisma que necessita ser descoberto e que contribui para o fortalecimento da Igreja. Foi Humberto que identificou outros aspectos de sua utilidade: uma pessoa com boa formação impõe respeito, é capaz de transmitir aos outros o que eles próprios receberam; e o estudo permite-nos ganhar a vida! Também contribui para o exercício das virtudes, para o aprimoramento em fazer o bem, em evitar o mal. Ademais, o estudo provê o verdadeiro alimento para o espírito: "*sacrum studium per quod masticatur panis verbi Dei corroborat*" ("o estudo sagrado, por meio do qual se mastiga o pão da palavra de Deus, fortalece uma pessoa")[4].

É interessante notar como Humberto enfatiza sobremaneira a utilidade do estudo e da filosofia. Se alguém deixa de estudar as "ciências humanas", corre um risco, pois ele de certa forma perde um meio de dialogar com o mundo: "*Diabolus... studet ne sint doctores in ecclesia*" ("o diabo anseia para que não haja professores na Igreja")[5]. Assim, fica mais fácil confundir os

---

2 Humberto de Romans, Instructiones de Officiis Ordinis, in *B. Humberti de Romanis Opera de vita regulari*, ed. J. J. Berthier, Roma, Befani, 1888, v. II, 254.

3 Id., Expositio Regulae B. Agustini, cap. 143, in *Opera*, ed. Berthier, v. I, 433.

4 Ibid., 435.

5 Ibid., Expositio, cap. 144, 435.

espíritos, pois sem filosofia, isto é, sem o domínio das técnicas de argumentação, renuncia-se o território a "pagãos, hereges e falsos cristãos". É preciso saber como encontrar o "inimigo" em seu próprio território e como aprender a distinguir o verdadeiro do falso na posição do outro. A filosofia de Humberto também inclui a hermenêutica dos textos bíblicos. A interpretação é a arte do discernimento.

Estudar: isso é útil! Mas, evidentemente, não há nada tão benéfico para homens e mulheres quanto o conhecimento da verdade! Isso é altamente profícuo, porque a verdade é por si só interessante. E essa verdade é Cristo, a epifania humana da misericórdia divina, a Palavra que expressa o amor pela humanidade. A missão dessa Palavra é a essência de nossa pregação, é a Ele que seguimos, é o trabalho salvador Dele que apregoamos.

A característica do estudo a que chamamos "utilidade" abre nosso testemunho às necessidades do dia e convida-nos a ir para a escola com os representantes de diversas disciplinas, de modo a nos ajudar a compreender as realidades terrenas. Em contrapartida, o senso de direção, até mesmo o magnetismo rumo à verdade salvadora que o estudo possui, vai nos encorajar a não esmorecer em face dos oferecimentos caleidoscópicos da verdade que cruzarão nosso caminho. Estudar significa exercitar-se no amor à verdade; estudar significa crer que é proveitoso escutar e seguir a "*propensio ad veritatem*", "inclinação para a verdade", de que trata a LCO 77 § 2. Realmente, é benéfico crer nessa inclinação em nós mesmos, mas também nos outros, e colocar nossa verdade nela. É interessante notar que a encíclica *Fides et ratio* salienta precisamente esse tema, insistindo na realidade da capacidade humana de conhecer a verdade. "Pode-se definir o ser humano [...] como aquele que busca a verdade" (n. 28).

> Não posso deixar de encorajar os filósofos, sejam eles cristãos ou não, a confiar na habilidade da razão (humana) e a não se impor metas modestas demais em sua reflexão filosófica [...] não se deve abandonar a paixão pela derradeira verdade e a ânsia de procurar por ela, associada à audácia de forjar novos caminhos nessa busca. É a fé que move a razão para além de todo isolamento e prontamente corre riscos na busca para alcançar tudo que é belo, bom e verdadeiro. Assim, a fé torna-se o advogado convicto e convincente da razão (n. 56).

Na visão do finado papa está a defesa da dignidade humana e também o esforço de anunciar o Evangelho para "levar as pessoas a descobrir tanto sua capacidade de conhecer a verdade quanto sua ânsia pelo derradeiro e definitivo significado da existência" (n. 102).

Desse modo, o estudo dominicano deve abrir-se para aquilo que Lacordaire chamou de "a graça de compreender seu tempo". É isso que nos capacita a "dar à verdade um aspecto que se adapta a um grande número de espíritos". A receptividade ao apelo do momento não pode ser outra senão crítica se o estudo dominicano está ancorado, ao mesmo tempo, em escutar a Palavra da Verdade que nos confronta e questiona. Essa tensão profícua entre *servir às almas na compaixão intelectual* e o *acolhimento desinteressado da verdade* caracteriza a espiritualidade dominicana da qual estamos bastante cientes, do "ir e vir" entre *contemplari et contemplata aliis tradere*: contemplar e transmitir aos outros os frutos da contemplação[6].

Esse é o contexto de uma tentativa de formular alguns elementos do que pode ser chamado espiritualidade do estudo. O estudo é uma atitude fundamental, na verdade, é uma virtude. Santo Tomás a chamava de *studiositas* (estudiosidade) e a distinguia da *curiositas* (curiosidade). Pode ser perigoso para nossa Ordem, agora como antes, querer estar em toda parte, assumir todas as prioridades mundiais ao mesmo tempo, exercer o ministério em todas as fronteiras imagináveis. Se o estudo do mundo (com vistas à pregação) é na verdade nossa missão, então é também nossa única prioridade a preocupação com nossa "estudiosidade".

Estudar é aplicar-se de modo intenso a algo a fim de conhecê-lo, dirigir o próprio interesse aos meios pelos quais isso pode ser praticamente alcançado. Mas, em sua análise sobre a estudiosidade, Tomás de Aquino considera-a parte da temperança: o excesso deve ser evitado – por excesso entenda-se um desejo imoderado de saber, que pode se transformar em orgulho intelectual, ou até mesmo em uma indolência que reflete um temor do esforço e da fadiga. A formação intelectual implica necessariamente que se aprenda a ser modesto e realista no tocante àquilo que se pode alcançar. Não devemos permitir que nosso interesse seja desviado do que é crucial, seja para alguma atividade, seja para alguma leitura que não tenha nenhum escopo útil. Os estudos que uma pessoa realiza, ou para os quais ela é enca-

6 A frase aparece em Santo Tomás de Aquino, *Summa theologiae* II-II, q. 188, a. 6; foi adotada como um dos "lemas" da Ordem Dominicana.

minhada, não devem ultrapassar seu próprio talento. Não se está em busca de uma verdade ou outra, nem de uma informação ou outra sobre a realidade; em vez disso, deve-se buscar conhecer a realidade criada em sua relação com Deus, que é a verdade suprema e em quem encontramos a suprema felicidade. Não se trata da satisfação que deriva da curiosidade, mas da estudiosidade dirigida à verdade que nos libertará. Na interpretação dominicana, há uma associação íntima entre estudo como a busca pela verdade e a busca pela felicidade. Dessa perspectiva, portanto, não se deve ver como opostas a atividade teórica do estudo e a prática do apostolado ou da pregação. Para Tomás de Aquino, o estudo forma uma dimensão essencial da atividade humana, situada no caminho que nos leva à bondade benfazeja que consiste na visão de Deus prometida pelo Evangelho. "E a vida eterna é esta: que te conheçam a ti, como o único Deus verdadeiro, e a Jesus Cristo, aquele que tu enviaste [...]" (Jo 17,3). No entanto, essa abordagem fundamental não fornece "receitas" fáceis em relação aos centros de estudo, nem diretrizes sobre alunos ou professores, nem formula realmente qualquer novo projeto; mas o que essa abordagem pode fazer é devolver nossa mente à *raison d'être* do estudo, como parte integral de nossa espiritualidade e nossa missão dominicana, e avivá-la.

Estudo: deve-se aprender realmente como fazer isso. Mas essa aprendizagem demanda tempo e também resulta de escolhas feitas – em particular quando se trata de uma questão de optar por alguma especialização. Não sou muito a favor da especialização que é escolhida cedo demais. J. P. Torrell afirma isto: "Sem desejar louvar a exaltação de uma pseudocompetência em todas as áreas possíveis, algo que poderia, evidentemente, ocultar o que na verdade é mera incompetência, eu diria que se faz necessário, em determinado estágio da vida intelectual, esforçar-se para adquirir uma educação generalista. A especialização virá depois"[7].

Relembramos a recomendação ao estudo que Santo Tomás supostamente esboçou em uma carta ao irmão João: siga para o mar por meio de pequenas correntezas, seja vagaroso ao falar, preserve a pureza de sua consciência, jamais desista de orar, ame seu próprio lugar, mostre-se amistoso em relação a tudo, não seja inquisidor em relação às ações de qualquer outro, não se familiarize demais com ninguém, não interfira naquilo que não lhe diz respeito, evite movimentos em vão, imite o exemplo dos santos e dos bons modelos, aprenda

7 J. P. Torrell, *La Vie Spirituelle* (dez. 1999) 615.

sem se referir a pessoas, compreenda o que aprender, nunca deixe nenhuma dúvida, memorize e jamais busque aquilo que esteja além de seu talento.

Naturalmente, para Santo Tomás isso não se limita a determinado estágio da formação dominicana de alguém. Trata-se, de certo modo, de um "pressuposto" essencial de sua antropologia teológica, pois é idêntico ao caminho humano rumo à meta final – que as pessoas buscam atingir ao tentar saber mais, ao contemplá-lo, ao evoluir no amor. O estudo, portanto, deve acompanhar o desenvolvimento e o crescimento naturais da personalidade de um pregador; o estudo deve ajustar-se de algum modo e cada vez mais àquilo que é verdadeiro na aceitação do outro, na paciência e na ação correta. Essa primeira verdade que buscamos no estudo e que somos convocados a proclamar em nossa pregação é um tesouro, é aí que nosso coração deve estar (ver Mt 6,21).

Esse estudo do qual falamos não se destina tampouco a uma atividade solitária, nem a um exercício de treinamento a caminho da perfeição. Nem se trata de um fim em si mesmo, evidentemente, mas existe para servir à nossa missão. Em nossa compreensão da Ordem, o priorado, e acima de tudo uma casa de formação institucional, é um lugar onde se realiza o trabalho como uma comunidade – um *collegium studii* ou *societas studii* entre professores e alunos. É assim que Santo Tomás vislumbra a presença de religiosos em um corpo acadêmico, como uma universidade ou *studium generale*. Essa *societas studii* não é um grupo de pesquisadores, apartado daqueles que estão diretamente envolvidos na assistência pastoral. Foi Leonard Boyle que demonstrou, magnificamente, que na concepção da Ordem essa *societas studii* é em si mesma uma instituição pastoral, dirigida à pregação, ainda que alguns de seus membros estejam envolvidos com um importante trabalho especializado. O que importa, portanto, é que o conjunto da comunidade dominicana conduza o projeto especializado e que o pesquisador não vá a outro lugar em busca de uma comunidade de suporte.

> É o amor pela Palavra que forma os grandes pregadores e os bons sermões. É o amor pela Palavra que forma admiráveis comunidades. E é um amor que jorra como um chafariz para corações e para espíritos, sempre abertos, sempre escutando a palavra um do outro[8].

---

8 Leonard Boyle, *St. Thomas Aquinas and the Third Millenium*; publicado em francês em *La Vie Spirituelle* (dez. 1999) 638.

É nesse contexto que Boyle evoca a adorável expressão de Santo Alberto em seu comentário sobre o oitavo livro da *Política* de Aristóteles: "*in dulcedine societatis quaerere veritatem*" – "buscar a verdade no conforto da comunidade". Reunida em torno de Alberto, o Grande, naturalmente havia uma comunidade de pesquisa – seus colegas de estudo, seus *confrères* que se juntaram a ele na incrível curiosidade sobre os eventos da natureza. Estudo e pesquisa eram realizados por meio de trabalho em equipe – ou, em outras palavras: tinha-se um forte senso de pertencer à mesma flotilha, de estar unido em uma tarefa em comum. Formava-se uma comunidade religiosa de estudo e ensino: "*societas... ordinata ad actum docendi et discendi*": "uma comunidade organizada para a atividade de ensinar e aprender" (Santo Tomás, *Contra impugnantes*, c. 3). E essa comunidade teve, em seus anos de formação e graças à necessária cooperação, uma produção editorial sólida, em especial de manuais, concordâncias e traduções. Mas também se sabia que essa atividade devia ser ancorada no louvor a Deus por meio da celebração coral do Ofício. Note-se que era uma comunidade de estudo que também conhecia divergências de opinião: Santo Alberto ficou um tanto irritado com aqueles que se opuseram à pesquisa, assim envenenando a atmosfera da comunidade, que, portanto, podiam ser comparados à bile no organismo! De certo modo, isso impedia que os outros buscassem a verdade na tranquilidade da fraternidade ou de colegas conviviais – *in dulcedine societatis quaerere veritatem*: buscar a verdade no conforto da comunidade[9]. Como disse o Papa João Paulo II:

> Não se deve esquecer que a razão também necessita ser sustentada em toda sua busca por diálogo confiável e amizade sincera. Um clima de suspeita e desconfiança, que pode cercar a pesquisa especulativa, ignora o ensinamento dos antigos filósofos que propuseram a amizade como um dos mais apropriados contextos para a sólida investigação filosófica (*Fides et ratio*, n. 33).

Não é objetivo da Ordem criar intelectuais, mas sim pregadores, capazes de proferir a Palavra da Verdade em face dos muitos desafios de nosso

9 Ver Yves Congar, "In dulcedine societatis quaerere veritatem". Notes sur le travail en équipe chez S Albert et chez les prêcheurs au XIIIe siècle, in G. Meyer, A. Zimmermann (Ed.), *Albertus Magnus Doctor Universalis*, Mainz, 1980, 47-57.

tempo. Nesse contexto, os Capítulos Gerais recentes usaram a metáfora das "fronteiras". Fronteira: tanto o limite do que é meu "território" (meu "*chez-moi*") quanto a passagem que leva ao encontro do outro. Um recente Capítulo do Vicariato Geral da África do Sul tentou descrever as diversas fronteiras que nossa pregação, e portanto nosso estudo, deve enfrentar: aquela entre a *vida* e a *morte*, quando se pensa nas consequências para os países pobres da globalização econômica; entre *humanidade* e *desumanidade*, quando se analisam os novos problemas éticos no campo da bioética; as *fronteiras da experiência cristã* em face da multiplicidade de religiões; as *fronteiras da experiência religiosa* em face do que é praticamente o ateísmo das massas, a indiferença material e a religiosidade idolátrica.

Para qual missão estamos formando dominicanos? Qual deve ser seu "aspecto" ou "perfil" intelectual e religioso? Ao responder a isso, permanecemos na tradição de nossa Ordem e dizemos que o pregador-teólogo será uma pessoa *razoável*, bem informada nas várias disciplinas teológicas (sem ser, apesar de tudo, um especialista em tudo). E também será uma pessoa sábia, auxiliando outras a lançar seu olhar para a meta final, alguém que não teme o confronto com os limites da razão, que está aberto à sabedoria tola da Cruz. Segundo a *Fides et ratio*:

> A sabedoria da Cruz liberta-se de todas as limitações culturais que buscam contê-la e insiste na abertura à universalidade da verdade que ostenta. Que desafio é isso para nossa razão, e quão grande o ganho para a razão caso se renda a essa sabedoria! (n. 23).

A verdade em que acreditamos, aquela que pregamos, deve ajudar-nos a tomar consciência dos limites e extinguir o *culs-de-sac* dos sistemas no âmbito dos quais geralmente formulamos nosso pensamento, nossas opiniões sobre economia, política e culturas modernas, a fim de, então, alcançar a universalidade da verdade salvadora capaz de lançar luz a muitas "experiências de crise" que temos nessas áreas. Em outras palavras, é legítimo e até mesmo necessário levantar a questão do significado e do "porquê" para prestar a devida honra à sabedoria antiga e falar a nós mesmos de nossa fé e nossa esperança. Precisamente onde nos dias de hoje a ciência oferece-nos uma imagem de emaranhada confusão, o dominicano não será aquele com respostas fáceis, mas, antes, apresentará as perguntas difíceis – aquelas inspiradas por uma paixão pela verdade. Citando novamente a *Fides et ratio*:

> Desejo reafirmar a forte convicção de que o ser humano pode alcançar uma visão unificada e orgânica do conhecimento. Essa é uma das tarefas que o pensamento cristão terá de realizar ao longo do próximo milênio da era cristã. As pessoas de hoje em dia são privadas da unidade interior pela fragmentação do conhecimento, com sua abordagem estilhaçada da verdade e o consequente fracionamento do sentido (n. 85).

O objeto do estudo é a verdade – e a Ordem Dominicana tem orgulho de trazer essa palavra em seu brasão. É uma verdade que liberta (Jo 8,32) e que deve ser praticada (Jo 3,21). A verdade transcende nossa capacidade de compreender e agir, mas encontra-nos, por assim dizer, em nosso território, ali onde buscamos entendimento e diálogo nos dias de hoje quando somos confrontados pelos problemas urgentes de nossa era: conviver na pluralidade de raças e religiões, na busca por justiça e paz, nas fronteiras de um mundo com recursos limitados. Isso que somos desde nossa fundação é mais do que nunca necessário agora: uma Ordem religiosa instituída com a pregação e outros ministérios de bem-estar espiritual em mente; uma Ordem que imita o modo de Cristo, que transmitiu aos outros o que ele próprio contemplara, *predicando et docendo*: pregando e ensinando. Para nós, ao viver tal vida, com o voto de obediência, o estudo não pode faltar. É isso que nos transforma em modestos e respeitosos leitores de textos, pessoas que escutam e também pessoas que respondem generosamente: "eis-me aqui [...] faça-se em mim segundo a Tua palavra". Fazemos bem em escutar Meister Eckhart em sua *Exposição do Evangelho de São João*, onde ele diz:

> *Diligentius intuere et fidem si poteris rationemque coniuge. Sicut enim praesumptionis est et temeritatis nolle credere, nisi intellexeris, sic ignaviae est et desidiosum quod fide credis, rationibus naturalibus et similitudinibus non investigare, praesertim cum omnis creatura ad minus sit vestigium creatoris et effectus universaliter suae causae.*
>
> Aprenda a olhar com mais cuidado e atenção e, se puder, reúna razão e fé. Será presunçoso e uma expressão de temeridade se desejar acreditar apenas quando tiver compreendido. Mas, por outro lado, também é uma expressão de indolência e desatenção não investigar

aquilo em que se crê, com a ajuda de razões e comparações naturais, em especial porque cada criatura possui ao menos um traço do criador e é de modo mais geral o efeito de sua causa.

Valores dominicanos: atentos ao real e ao possível

Chrys McVey, OP

Quando se é solicitado a escrever sobre valores e temas dominicanos na educação, é normal pensar primeiramente em Santo Tomás de Aquino. Ele tinha, realmente, muito a dizer sobre o ensino e o professor, e qualquer discussão deve focar naquilo que Aquino disse e como ele próprio lecionava. Meu primeiro pensamento, contudo, foi examinar São Domingos. Se a mesma abordagem, os mesmos *insights* e as mesmas ênfases do dominicano do século XIII ainda encontram ressonância na administração e na missão da Ordem que ele fundou, então esses aspectos podem ser encontrados no pensamento do dominicano de primeira geração, Tomás de Aquino. Isso me foi confirmado quando descobri que Liam Walsh, o regente dos estudos da Província da Irlanda, fizera a mesma coisa em uma conferência não publicada alguns anos atrás[1].

No coração de Domingos

M. H. Vicaire, grande historiador dominicano, acreditava que a Ordem Dominicana foi "a primeira Ordem estritamente missionária da Igreja" e que a fundação da Ordem fora condicionada pelas circunstâncias, mas em especial pela reação de uma pessoa a essas circunstâncias. "É", escreve Vicaire, "no próprio coração de São Domingos que temos de buscar o primeiro passo rumo à fundação dos Frades Pregadores"[2].

---

1 Liam WALSH, *Between Pluralism and Fundamentalism: Dominican Education for the Third Millenium. A Symposium for Dominican Educators in Higher Education*, River Forest, Illinois, 9-11, abr. 1999.

2 Ver *The Genius of St Dominic*, ed. Peter B. Lobo, OP, Nagpur, Dominican Publications [s.d.], passim.

Timothy Radcliffe, o primeiro mestre da Ordem, descreveu toda a vida de São Domingos como "moldada pela reação a situações que ele jamais previra. Esse homem misericordioso está à mercê dos outros, vulnerável a suas necessidades"[3].

Segundo Vicaire, o dom mais admirável de Domingos era justamente essa compaixão: sua vulnerabilidade ao sofrimento alheio. Foram essa vulnerabilidade e essa sensibilidade às necessidades dos outros que determinaram a própria estrutura da Ordem por ele fundada: Domingos chorou, e a Ordem nasceu. Um escritor não dominicano declarou que não foi apenas a presença das universidades que enviou os primeiros frades às cidades, mas também um desejo de serem, na realidade, "irmãos" dos pobres desbaratados. Jordão da Saxônia, sucessor de Domingos, chama o dominicano de "um homem do Evangelho", e Vicaire desenvolve essa imagem distinguindo dois momentos apostólicos iniciais, a "missão" e a "comunhão", e identifica ambos na estruturação dominicana da Ordem.

Como organizador nato, Domingos tinha a faculdade de apreender a realidade da Igreja, uma consciência de suas estruturas, suas necessidades, sua unidade, mas sobretudo suas possibilidades. Foi essa conscientização das possibilidades que o levou, em uma combinação de ousadia e sagacidade, a ampliar as categorias canônicas fundando uma comunidade não de monges ou cânones, confinados a um lugar, mas de "frades", cujo "mosteiro", como se queixou um crítico contemporâneo, "era o mundo". A Ordem Dominicana devia ser um grupo de pregadores com uma missão universal, não delegada por um bispo ou um subordinado dele no âmbito de sua diocese, mas pregadores por profissão na Ordem dos Pregadores, assim se tornando, como a Constituição Fundamental (n. III) declara, "plenamente consagrada a Deus e, em particular [...] dedicada de uma nova maneira à Igreja universal, sendo inteiramente indicada à total evangelização do Mundo de Deus". A aplicação, até aqui, à educação dominicana é óbvia: começa com uma percepção da necessidade real, e a resposta é uma compaixão misericordiosa.

---

3 Timothy Radcliffe, Letter to Our Brothers and Sisters in Initial Formation, *To Praise, to Bless, to Preach*, Dublin, Dominican Publications, 2004, 481.

Fervor

Há um fervor exigente nessa descrição que nos desafia até hoje e é interessante observar. É interessante observar como esse "fervor" atuava na vida de Domingos. Sua ousadia levou-o a trazer para a Igreja uma nova forma de vida religiosa; sua sagacidade levou-o a garantir as bulas papais em cada etapa do caminho de modo a proteger esse novo empreendimento. A espiritualidade de Domingos era, nas palavras de um dos recentes Capítulos Gerais, "vigilante". Felicísimo Martínez Díez caracteriza esse "fervor" como uma "espiritualidade de encarnação. Essa espiritualidade não resulta de uma *fuga mundi*, mas da encarnação e inserção no mundo. Domingos ingressou e evoluiu no contato com a humanidade em sofrimento, no conhecimento e na compaixão dela"[4]. Essa preocupação com os outros como uma força motivadora para aquilo que os dominicanos fazem é preservada no *Livro das Constituições da Ordem* (*LCO*). Assim, a Constituição Fundamental I cita a carta de Papa Honório a Domingos: "Vocês se entregaram à proclamação da Palavra de Deus, pregando o nome de Jesus pelo mundo". É por essa razão que a Ordem "é conhecida desde o início por ter sido instituída especialmente para a pregação e a salvação de almas". O propósito de nosso estudo "deve visar sobretudo e ardentemente a isso, que possamos ser *úteis* às almas de nossos próximos"[5].

A conferência de Liam Walsh descreve Domingos como "de certo modo um fundamentalista", mas ele explica isso de uma forma bastante singular. Ele fala de "uma opção hermenêutica na vida de Domingos, resultante de seu jeito de enfrentar o Evangelho", e argumenta que isso oferece aos dominicanos de hoje em dia uma orientação para lidar com as questões contemporâneas. Ele crê que seja uma orientação "que se tornou parte de nossa espiritualidade dominicana, nossa abordagem dominicana à educação, e que marcou o trabalho de grandes mestres entre nós, como Tomás [...] Domingos era fundamentalista em relação a algo que não era dele nem para ele, mas para outrem"[6].

4 Felicísimo Martínez Díez, *Espiritualidad dominicana. Ensayos sobre el charisma y la misión de la Orden de Predicaores*, Madrid, Edibesa, 1995, 20 ss.

5 *LCO*, 77, I.

6 Walsh, *Between Pluralism and Fundamentalism.*

Conversando juntos

Walsh também tece alguns comentários interessantes sobre o "porquê" da pregação de Domingos contra a heresia albigense, sobretudo ao descrever do que trata a heresia:

> A heresia ocorre quando as pessoas param de falar umas com as outras. Não acontece quando elas simplesmente discordam, mesmo sobre as coisas de Deus. É quando um indivíduo ou grupo rompe a comunhão e a comunicação com a comunidade de crentes; é quando um grupo crê que somente ele está certo e o restante da Igreja está errado sobre uma questão de fé que há uma heresia formal. Nos tempos de Domingos, albigenses e católicos haviam cessado a conversação. Se Domingos passava a noite em claro conversando com o dono de uma estalagem – e seu biógrafo julgou válido registrar o evento – deve ter sido porque ele deixou explícito que a pregação do Evangelho exigia-lhe passar a conversar com os hereges, e manter a conversação, por toda a noite se necessário. No entanto, ninguém passa a noite conversando com alguém se a única coisa que tem a dizer [a ele] é: "Você está errado". Se o Evangelho é a ocorrência da salvação, e essa salvação destina-se a todos, trata-se de algo sobre o qual as pessoas podem conversar juntas[7].

"Conversando juntos" é, a meu ver, um lema mais adequado para a Ordem Dominicana do que o tradicional "contemplar e transmitir aos outros os frutos da contemplação". Embora inclua o bastante importante "aos outros", essa frase ignora o fato de que nós também "contemplamos" com os outros – e que sem eles falta algo em nossa contemplação. O Capítulo Geral de Oakland (1989) testemunhou isso: "Nós não contemplamos primeiro e depois nos dirigimos aos outros. Convocados a pregar, somos antes de tudo convocados a contemplar com os outros, escutar, tomar nosso lugar ao lado daqueles que ouvem a Palavra de Deus. Nós, pregadores, não estamos do lado do mistério, que nunca foi nossa reivindicação. Para ambos de nós, pregador e povo, o mistério revela-se de novas maneiras, surpreendentes

7 Ibid.

e imprevisíveis"[8]. Nós conversamos juntos – mestre e aluno, pregador e ouvinte – e acontece algo misterioso que ambos podem reivindicar para si. Trata-se de algo que Santo Tomás, em sua metodologia – e, talvez até mais importante, em sua espiritualidade –, implementa à perfeição.

A verdade das coisas

Os dominicanos há muito reivindicam como seu lema *Veritas*. Para Santo Tomás, de acordo com Josef Pieper em sua clássica obra sobre ele[9], apreender a "verdade" das coisas reais era sua verdadeira paixão. A adoção por ele do pagão Aristóteles contra as tendências tradicionais ocorreu porque a "intrépida abordagem [de Tomás] à verdade reconheceu a voz da realidade na obra de Aristóteles". Pieper acrescenta:

> Essa mesma intrepidez levou-o a perguntar, em seu *Comentário ao Livro de Jó*, se a ousada conversa de Jó com o Senhor não violava a reverência – a resposta dada foi quase ultrajante: a verdade não muda de acordo com a posição da pessoa a quem ela é dirigida; aquele que fala a verdade é invulnerável, não importa quem seja seu adversário[10].

Essa paixão pela verdade do que é real, das coisas criadas, e pela verdade sobre o Criador é marcada por um experimentalismo intrigante sobre o projeto como um todo. O que mais cativa em Santo Tomás é seu reconhecimento do mistério, tanto na criação quanto em Deus. "Para nós, cristãos modernos", escreve Pieper, "que raramente ouvimos sobre a incompreensibilidade de Deus, torna-se motivo de alarme descobrirmos nossa ignorância tão audaciosa e claramente apontada na *Summa theologiae*. Pois nesse 'sumário' de seu ensinamento sobre Deus Tomás começa por dizer: 'Como não somos capazes de saber o que Deus é, mas somente o que Deus não é, não podemos contemplar como Deus é, mas apenas como Deus não é'". "Evidentemente", ele prossegue, "Tomás não pretendia sonegar esse

---

8 *Acta*, 43, III.

9 Josef Pieper, *The Silence of Thomas*, trad. John Murray, SJ, Daniel O'Connor, South Bend (Indiana), St. Augustine's Press, 1999.

10 Ibid., 20-21.

pensamento básico de teologia 'negativa' nem mesmo do iniciante. E em *Quaestiones disputatae* até mesmo se diz: '*Hoc est ultimum cognitionis humanae de Deo; quod sciat se Deum nescire*', 'esse é o supremo conhecimento humano de Deus: saber que nada sabemos de Deus'"[11].

Há alguns anos, quando recebeu o grau de doutor honorário, Timothy Radcliffe falou sobre "a crise da veracidade em nossa sociedade", sobre qual poderia ser a reação cristã e sobre o papel de uma universidade dominicana. Ele aborda o experimentalismo de tal busca pela verdade:

> Como é possível pensarmos em algo se não podemos testar ideias insanas, vaguear sobre hipóteses e cometer erros? Meister Eckhart, um dominicano do século XIV, escreveu que ninguém pode alcançar a verdade sem perpetrar cem enganos pelo caminho. Necessitamos da liberdade por palavras pelas quais não sejamos responsabilizados eternamente. Buscar a verdade requer tempos de irresponsabilidade protegida, para exploração tentativa[12].

O Capítulo Geral de Cracóvia defende essa "liberdade por palavras": "Como pregadores, estamos comprometidos com a liberação da linguagem para seu real papel de servir à verdade e explorar as fronteiras. Como pregadores, estamos comprometidos com um ascetismo de cuidado no modo como usamos a linguagem. Como pregadores, estamos comprometidos com a vigilância perpétua em defesa da linguagem"[13].

As coisas como elas são

A busca da verdade é fundamentada na crença de Tomás de que tudo agora deriva sua existência de Deus. "É por isso", diz Radcliffe, "que somos capazes de compreender a criação e apreender a verdade. Aquele que fez o mundo também fez nossas cabeças. É o mundo de Deus e estamos em casa nele como criaturas de Deus, talhadas para a verdade [...] Assim como os

---

11 Ibid., 37.

12 Crisis of Truth in Our Society, um discurso não publicado, *Angelicum*, Roma, 15 nov. 2004, 2.

13 *Acta*, II, 53.

peixes foram feitos para nadar, os seres humanos foram feitos para prosperar na verdade. É nossa casa"[14]. Vale a pena prosseguir com esta conversa um pouco mais, por diversas ressonâncias importantes: "Ver as coisas como elas são é mais do que uma simples questão de abrir os olhos e observar. Isso nos exige um modo de vida que se poderia chamar de contemplativo. Temos de ser capazes de nos abrir para o que está diante de nós. É uma calma presença diante daquele que é diferente de nós, resistindo à tentação de dominá-lo, usá-lo ou aborvê-[lo]. Significa deixar que o outro exista". Em um discurso anterior na Yale University, alguns anos antes, Radcliffe descreveu uma universidade como um lugar onde aprendemos a conversar com estranhos! Para deixar que o outro exista, "devemos", segundo ele, "deixar nossas mentes e nossos corações escancarados, ampliados por aquilo que vemos. Aquino amava a frase de Aristóteles: 'a alma é, de certo modo, todas as coisas'. Compreender aquele que é diferente de nós mesmos expande nosso ser. A contemplação é estar presente, desnudo e humilde para o outro"[15].

O que se exige, segundo Radcliffe, é uma "quietude da mente e do tempo [...] Quando perguntaram a Wittgenstein como os filósofos deveriam cumprimentar-se, ele respondeu: 'Não se apresse'. Portanto, uma espiritualidade da verdade nos convidaria a desacelerar, aquietar-nos e deixar nossos corações e mentes escancarados". Ele então cita uma evidente favorita dele, Simone Weil, que escreveu: "Não obtemos as dádivas mais preciosas perseguindo-as, mas esperando por elas [...] Esse modo de ver as coisas é, em primeiro lugar, atencioso. A alma esvazia-se de todo seu conteúdo para receber o ser humano a quem está olhando, exatamente como [a pessoa] é, em toda [sua] verdade". Essa presença tranquila, calma e relaxada é a base de qualquer amizade, que é essencial à compreensão dominicana de nossa relação com Deus e entre nós. E a amizade, ele crê, é "o ponto de partida da aprendizagem"[16].

Como aprendemos?

A reverência de Tomás pela verdade pode ser vista, em primeiro lugar, na razão por que ele escreveu sua grande obra e no modo gentil como trata objeções a uma tese que está propondo – comumente apresentando os

---

14 Radcliffe, Letter to Our Brothers and Sisters, 4.

15 Ibid.

16 Ibid., 4-5.

argumentos contra sua posição de maneira mais moderada e mais lógica do que a forma original, ele acreditava que toda verdade, não importando por quem fosse proferida, vem do Espírito Santo, e que todos os envolvidos participavam de uma busca comum. Essa busca começa na realidade criada. James V. Schall, SJ, em um artigo intitulado "Aquinas and the Life of the Mind", cita o maravilhoso livro de Chesterton sobre Aquino: "Chesterton inicia apontando o fato de que as coisas são, na realidade, 'estranhas', como ele as chama. Ele considera essa 'estranheza' a 'luz de toda poesia'. O que ele quer dizer com isso? Que a realidade, o ser aquilo que não somos, simplesmente existe para ser descoberto [...] Nossas mentes são capazes de receber *o que é*, em nós mesmos, em nossas mentes. Apenas sendo nós mesmos vivenciamos nossa própria sabedoria, aquilo que não somos. Nós nos preocupamos com a 'diversidade' das coisas, com o fato de que elas simplesmente existem e podemos conhecê-las"[17]. Como Santo Tomás faz para conhecer as coisas que existem?

"Toda obra de Aquino começa com uma análise sobre a metodologia a ser seguida, e seu interesse pedagógico é evidente em todos os casos. Ele não se limita a ensinar uma matéria, ele está ensinando pessoas, e elas são sempre levadas em consideração."[18] Do ponto de vista da afirmação de Tomás sobre o todo da criação[19] e de sua preocupação com seus alunos, é possível entender a facilidade com que ele sabidamente recomenda o banho e o sono como remédios contra a "melancolia da alma"[20].

Como Tomás faz para ensinar iniciantes? Ensinar, segundo Pieper, exige, acima de tudo o mais, a capacidade de pesquisa e simplificação, e a habilidade e o esforço de pensar a partir da premissa de um iniciante:

> Essa capacidade de real simplificação era possuída em alto grau por Santo Tomás, e ele se valia de todo esforço para tomar o ponto de vista de seu aluno como uma premissa. As mais intensas energias

17 *New Blackfriars*, v. 87, n. 1010 (jul. 2006) 401.

18 Vivan Boland, OP, What Happens When Minds Meet? Thomas Aquinas on the Mystery of Teaching and Learning, *Doctrine and Life*, v. 56, n. 6 (jul.-ago. 2006) 7.

19 Os primeiros oponentes de Tomás acusaram-no de "mundanismo pagão", a quem ele retrucou: "A opinião daqueles que dizem com respeito à verdade da fé que é uma questão de total indiferença o que se pensa sobre a criação, contanto que se tenha uma verdadeira interpretação de Deus [...] é notoriamente falsa. Pois um erro sobre a criação reflete-se em uma falsa opinião sobre Deus" (Pieper, loc. cit., 36, citando *Summa contra gentiles* II, 3.

20 Thomas Aquinas, *Summa theologiae* I, II, 38, 5.

> e a melhor parte de sua vida foram dedicadas não a um trabalho de "pesquisa", mas a um texto acadêmico para iniciantes, que é todavia o resultado da mais profunda imersão na verdade. A *Summa theologiae* foi escrita expressamente para a instrução de iniciantes, como várias vezes declarado no prefácio. Nele, Tomás menciona o tédio gerado pelo excessivamente familiar e a confusão experimentada pelos iniciantes advinda dos excessos de erudição mal colocada[21].

Contemporâneos relatam que o método de ensino de Tomás fascinava seus alunos com seu frescor e sua originalidade, e com seu dom de investigar, apreender e iluminar a realidade em sua profundeza. "Como um verdadeiro mestre, [Tomás] ensina seus discípulos a pensar e a viver com autonomia."[22]

Como ensinamos?

Um professor deve não só ver bem as coisas, ver as coisas como elas são, mas também ver como elas podem transformar-se. Timothy Radcliffe, em seu discurso, cita Fergus Kerr sobre o dom de ver as coisas *potencialmente*: "[Tomás] não olha para o mundo e o vê simplesmente como é o caso, em si mesmo; em vez disso, ele vê o mundo, e as coisas nele, como destinado a determinado fim, com propósitos, modos e oportunidades designados.Talvez não seja demais dizer que Tomás vê o modo como as coisas são em relação ao modo como elas deveriam ser"[23].

Ver as coisas em sua potencialidade é, sem dúvida, um dos fundamentos do diálogo inter-religioso, e, por conseguinte, muito da abordagem de Tomás parece presciente e contemporâneo. Seu interesse era buscar uma base comum para a fé cristã, mas ele também declarou que devia haver outro nível de discurso teológico estabelecido entre crentes e aqueles que enxergam uma diferente face de Deus ou que não aceitam qualquer verdade além do que a inteligência humana é capaz de descobrir[24].

---

21 Pieper, *The Silence of Thomas*, 14.

22 Jean-Pierre Torrell, OP, *Saint Thomas Aquinas. 2. Spiritual Master*, trad. Robert Royal, Washington (DC) CUA Press, 2003, 121.

23 Radcliffe, Letter to Our Brothers and Sisters, 9.

24 Walsh, Between Pluralism and Fundamentalism; cf. Walsh, passim.

Essa visão esperançosa foi expressa no Capítulo Geral de Providence (2001) desta maneira:

> Nossas Constituições indicam a dimensão contemplativa do estudo chamando-a de uma meditação sobre a sabedoria multiforme de Deus. Dedicar-se ao estudo é atender ao chamado de "cultivar a busca humana pela verdade" (*LCO*, 77, 2)... [Nossa] Ordem nasceu desse amor pela verdade e da convicção de que homens e mulheres são capazes de conhecer a verdade. Desde o início, os irmãos foram inspirados pela audácia inovadora de São Domingos, que os encorajou a ser úteis às almas por meio da compaixão intelectual, compartilhando com eles a *misericordia veritatis*, a misericórdia da verdade. Jordão da Saxônia afirma que Domingos tinha a habilidade de penetrar o âmago oculto das muitas questões difíceis de sua época "graças a uma inteligência humilde do coração" (*Libellus*, n. 7, MOPH XVI, Roma, 1935, 29)[25].

O Prólogo desta seção discorre sobre a "misericórdia da verdade" e como o estudo dominicano pode e deve servir a isso. Trata-se tanto de meditação quanto de desafio – assim como dois outros trechos que são pertinentes. O primeiro declara que os "dominicanos compartilham com os outros a sina de nossos tempos. Consequentemente, o estudo dominicano está marcado pelo diálogo e pela cooperação na busca pela verdade. Para defender a dignidade da criação em nossa própria era e em nosso futuro, o estudo dominicano procura ser anamnésico (reminiscente), relembrando os sofrimentos e as injustiças do passado associados à opulência e às realizações daqueles que se foram antes de nós"[26].

O segundo trecho aborda a necessidade de "confiança":

> Nossa confiança de fazer parte das *quaestiones disputatae* de nosso tempo deve derivar de nossa confiança de sermos herdeiros de uma tradição intelectual que não deve ser preservada em algum congelador intelectual. Ela é viva e tem uma importante contribuição a fazer nos

25 *Misericordia Veritatis*, III, 107, *Acta*.

26 *Misericordia Veritatis*, III, 114.

> dias de hoje. Baseia-se na fundamental intuição filosófica e teológica: compreender a moralidade no tocante às virtudes e ao crescimento nas virtudes; à felicidade na visão de Deus como nosso destino; e a uma humildade em face do mistério de Deus que nos leva para além da ideologia[27].

Existe realmente uma abordagem dominicana à educação?

O que, afinal de contas, é uma abordagem dominicana à educação? Eu a caracterizaria como prestar atenção ao que é real, ao que está presente, bem diante de nós, todas as grandes "questões disputadas" de nosso tempo. Creio que a pregação e o ensino dominicanos jamais são "doutrinais" no sentido de "dizer a verdade às pessoas". Trata-se, isso sim, de ouvi-las, compartilhar suas dúvidas, como no agradável e divertido diálogo entre Jesus e a mulher samaritana em João 4. Jean-Pierre Torrell, OP, cita Nietzsche: "Aquele que deseja um dia pregar deve ruminar por um longo tempo em silêncio. Aquele que deseja carregar o relâmpago deve permanecer por um longo tempo como uma nuvem"[28]. E isso em vez de "irritar as pessoas por ter respostas para toda pergunta", como se disse do candidato à presidência da França, Sarkozy, na BBC (12 de janeiro de 2007). Isso implica que estamos todos envolvidos em uma busca comum, não só para "meu" próprio bem, mas para o bem de todos. Esse foco compassivo no outro é uma espécie de amizade, o ponto de partida da aprendizagem e, de certa maneira, também seu fim – se é que manter um relacionamento diz respeito ao reino. Esse reino começa com a atitude dominicana característica de reverenciar a individualidade de cada pessoa e ser capaz de enxergar o potencial de cada um.

E por isso é tão importante no mundo atual, em que tantas pessoas são definidas pela exclusão, juntar-se aos outros, em especial aos excluídos, em um diálogo comum para descobrir exatamente quais são os propósitos de Deus. Ao menos até onde isso for possível. É extremamente importante, nesta era de demonização, não ceder a verdades absolutas, mas se apegar à verdade que é sempre relativa, relacional, tentativa, misteriosa – e está além

27 *Misericordia Veritatis*, III, 115.

28 *St Thomas Aquinas*, Washington (DC), CUA Press, 1996, v. 1, 31.

de nosso alcance. "As religiões", segundo disse o Cardeal Poupard, presidente dos Conselhos Pontifícios da Cultura e para o Diálogo Inter-religioso, em Moscou, em julho de 2006, "são casas abertas que podem ensinar e praticar o diálogo, respeitar a pessoa como um todo, o amor pela verdade, a consciência de pertencer a uma grande família de pessoas queridas por Deus e convocadas a viver sob sua vigilância em amor compartilhado".

A Ordem foi fundada para ser "útil" aos outros e adotou o nome "Pregadores". A história dominicana através dos tempos evidencia que tomamos nossa identidade desses outros, por quem existimos, com quem buscamos, cujas dúvidas compartilhamos e sem os quais não seríamos quem somos.

O último ensinamento de Santo Tomás, em seu leito de morte, foi dado aos monges de Fossanova, em uma explanação sobre o Cântico dos Cânticos, o de "que o livro místico do amor nupcial por Deus, do qual os Padres da Igreja dizem: o sentido de seu discurso figurado é que Deus supera todas as nossas capacidades de possuir a Deus, que todo nosso conhecimento só pode ser a causa de novos questionamentos e cada descoberta somente o início de uma nova busca"[29].

Sou grato ao Frei Quirico Pedregosa, OP, Sócio para a região da Ásia-Pacífico, por dar sugestões, fornecer materiais e indicar-me a direção certa.

29 Pieper, *The Silence of Thomas*, 41.

A arte do ensino da teologia

Albert Nolan, OP

> "Pedi, e dar-se-vos-á; buscai, e achareis; batei, e abrir-se-vos-á.
> Pois todo o que pede recebe; e quem busca acha;
> e ao que bate, abrir-se-lhe-á."
>
> Mateus 7,7-8; Lucas 11,9-10 (versão NRSV)

O ensino da teologia costuma ser interpretado como a passagem a outrem daquilo que os grandes teólogos do passado disseram ou do que os teólogos eruditos da atualidade estão dizendo. Embora tal ensino continue a ser parte importante de toda educação teológica, eu gostaria de sugerir que o que nós também precisamos fazer é passar adiante a arte ou a prática de *fazer teologia*.

A maioria dos seminários e faculdades de teologia não ensina a seus alunos como fazer sua própria teologia. Na realidade, eles podem bem ensinar-lhes a nem mesmo pensar em fazer sua própria teologia, mas repetir com fé o que as autoridades dizem. Não creio que isso jamais tenha sido algo benéfico, porém, no mundo pós-moderno, isso é não só inadequado e ilusório como também pode destruir qualquer resquício de fé que algumas pessoas, em especial os jovens, possam acalentar.

Passei grande parte de minha vida ensinando crentes cristãos (sacerdotes, seminaristas, religiosos e paroquianos interessados) a fazer sua própria teologia – não isoladamente, mas em conjunto com outros que compartilham a mesma fé. Os resultados nunca deixam de me surpreender. Estou convencido de que é isso que deve ser a educação em teologia, pois a teologia é por natureza contextual.

Toda teologia é contextual

Há muitos séculos, Anselmo definiu teologia como *fides quaerens intellectum*, a fé buscando a compreensão. Buscar compreensão refere-se a fazer perguntas e procurar respostas. Não sem razão, muitos dos grandes textos teológicos, como a *Summa* de Tomás de Aquino, partiram de uma série de perguntas e respostas. A teologia é, por definição, uma tentativa de responder a questões de fé.

O que temos de notar, contudo, é que diferentes pessoas em diferentes épocas e lugares fazem diferentes perguntas sobre sua fé. O que era uma questão candente nos primórdios da Igreja ou na Idade Média pode ter se tornado algo sem relevância para qualquer um hoje em dia. Nós não brigamos mais pelas ruas sobre o número de pessoas ou naturezas em Jesus Cristo como nos velhos tempos. E, se eu levantasse a questão medieval da transubstanciação atualmente, muito poucos saberiam do que estou falando. Em nossas circunstâncias de vida diversas, enfrentamos dilemas diversos. Nem as questões são as mesmas, ainda hoje, em várias partes do mundo ou para vários grupos sociais na mesma região.

Cada questão suscita uma teologia específica. Existe uma fé, mas são muitas as teologias. A fé cristã, como um compromisso com Deus em Jesus Cristo, permanece inalterada em todos os tempos e em todas as circunstâncias. Mas a teologia, como tentativa de responder às questões sobre essa fé, vai variar de acordo com diferentes *contextos* históricos e sociais que geram diferentes dilemas.

Naturalmente, também temos o fenômeno de diferentes respostas para as mesmas perguntas, e no passado tendíamos a considerar a diferença entre as várias escolas de teologia como uma mera questão de diferentes respostas para as mesmas perguntas. O que com frequência não se observava era que havia pessoas fazendo perguntas totalmente diversas.

Nossas questões sobre a fé são, portanto, sempre contextuais. E uma das consequências disso é que nossas respostas também são contextuais. Isso não significa que nossas várias teologias sejam totalmente relativas e arbitrárias. Toda teologia sólida terá de encontrar respostas na Bíblia e em Jesus como a Palavra de Deus encarnada. Mas meu contexto, minhas premissas e minhas questões proporcionam-me uma perspectiva específica sobre a Bíblia e o significado da vida e da morte de Jesus. Essa perspectiva pode abrir meus olhos àquilo que já está na Bíblia ou cegar-me para aquilo que Jesus pretendia realmente dizer.

Quando os pobres, por exemplo, leem a Bíblia com sérios questionamentos sobre a vontade de Deus a seu respeito, eles constatam que a Bíblia tem muito a dizer sobre pobreza e opressão. Por outro lado, aqueles que vivem em outro contexto social, sem nenhuma experiência vivenciada de pobreza e opressão, vão ignorar o que é dito sobre essas questões na Bíblia. Teologias inteiras foram construídas sem qualquer referência à justiça social porque aqueles que as desenvolveram viviam em um contexto social no qual perguntas sobre pobreza e opressão não eram suscitadas, muito menos questões de fé.

A consciência da contextualização

Foi apenas gradualmente que começamos a perceber a profunda e abrangente influência da contextualização em toda teologia. Lembro-me de minha própria descoberta, como jovem dominicano, de que a teologia de Tomás de Aquino era inteiramente limitada no tempo e contextual. Isso não me levou a rejeitar o tomismo. Foi uma constatação entusiástica que me possibilitou apreciar Tomás ainda mais. Ele foi um teólogo verdadeiramente original porque abordou as novas questões de sua época, questões que outros preferiram ignorar. A filosofia pagã de Aristóteles e os comentários muçulmanos sobre as obras dele haviam sido introduzidos recentemente nas universidades. Isso deu margem a todo um novo conjunto de questionamentos e problemas. Tomás tratou essas questões com ousadia e respondeu a elas com brilhantismo.

Mas não são apenas as conjecturas *filosóficas* de um dado período que levantam novas questões de fé. As proposições políticas e econômicas desse tempo ou lugar também podem suscitar novos questionamentos. Em alguns casos, acontecimentos políticos correntes também podem apresentar um desafio à compreensão de nossa fé. Um bom exemplo disso seria a teologia de Agostinho em *Cidade de Deus*. O evento político era a queda do Império Romano. Agostinho desenvolveu uma teologia elaborada em resposta à seguinte questão: "Como pode um cristão compreender a queda do Império Romano?"

O cristianismo e o Império Romano estavam intimamente relacionados entre si nas mentes da maioria dos cristãos cultos. Foi preciso um brilhante pensador como Agostinho para encontrar um meio de dar sentido à queda e ajudar seus contemporâneos a ter esperança no futuro do cristianismo. A mais famosa distinção de Agostinho entre a Cidade de Deus e a Cidade do Homem foi sua resposta a uma questão muito contextual.

Mas antes mesmo de constatarmos a natureza contextual de nossas tradicionais teologias nós havíamos começado a reconhecer a contextualização da própria Bíblia. A crítica bíblica tornava-nos cientes dos *Sitz im Leben* ou contextos da vida de vários textos bíblicos. Esses contextos não se limitavam a ser históricos, culturais e filosóficos, mas também eram políticos e econômicos. Tudo isso revolucionou o estudo da Bíblia.

A consciência da contextualização de todas as formulações teológicas não minimiza seu valor, mas apresenta ao professor de teologia um desafio pedagógico. Em todos os casos precisaremos explicar o contexto que deu origem à questão a ser respondida nessa formulação teológica. Quando eu tentava ensinar a teologia de Tomás de Aquino a alunos dominicanos, descobri que teria de dedicar a maior parte do tempo em sala de aula a explicar a questão, para que os alunos pudessem apreciar o brilhantismo da resposta de Tomás. Para apreciar as questões, tinha-se de ser, entre outras coisas, inteiramente versado na filosofia grega. Por isso o curso do seminário devia iniciar-se com anos de estudo sobre essa filosofia.

Lembro-me do dia em que parei para pensar: por que devo ensinar a essas pessoas respostas a perguntas que eles nunca fizeram? E as questões de fé bastante sérias que os afligem, mas eles não têm oportunidade de perguntar?

Com o tempo, cheguei à conclusão de que o real valor de estudar os grandes teólogos do passado consistia em aprender como ocupar-se em responder nossas próprias questões de fé e as de nossos contemporâneos. O que aprendemos de Tomás é como sermos intrépidos em levantar novos questionamentos e plenos em buscar as respostas.

Teologias contextuais da atualidade

A maioria das teologias desenvolvidas em tempos recentes foi *conscientemente* contextual. Estou me referindo a teologias como a teologia feminista, a teologia negra, a teologia africana, a teologia asiática, a teologia da libertação latino-americana e assim por diante. Todas as teologias são contextuais, mas nem todos os teólogos têm plena consciência da contextualização de suas questões e respostas. Essas novas teologias são diferentes por serem explícita e intencionalmente contextuais.

A teologia feminista, por exemplo, é uma tentativa consciente de elaborar uma teologia a partir da experiência vivenciada de ser mulher em um mundo patriarcal. Essa teologia lida explicitamente com as questões de fé das mulheres, e as respostas são desenvolvidas a partir de perspectivas, experiências e *insights* femininos.

A maioria das outras teologias ao longo das eras foi formulada por homens. Eles buscavam responder a questionamentos próprios do universo masculino. O contexto era totalmente patriarcal e opressor, mas os teólogos do gênero masculino ou eram totalmente cegos a isso ou supunham que isso não afetava suas teologias. Eles consideravam suas questões e respostas válidas para todos. Esses teólogos não cogitariam chamar sua teologia de masculina ou patriarcal. Eles não tinham consciência da contextualização daquilo que faziam teologicamente.

De modo análogo, a teologia negra é uma tentativa consciente de elaborar uma teologia a partir da experiência vivenciada da opressão aos negros. Uma vez que a maioria dos cristãos brancos é racista, os cristãos negros começaram a questionar o sentido de sua fé. Deus é branco? Deus favorece os brancos? Ou Deus está do lado do povo negro oprimido?

Grande parte da teologia que herdamos é, na verdade, a teologia branca, mas de modo geral não se tem consciência de seu viés racial. A teologia branca considera-se uma teologia universal aplicável a todos os povos.

A teologia africana difere da teologia negra. O contexto da segunda é a experiência de ser oprimido porque se é negro. O contexto da primeira é cultural, da cultura africana. As questões tratadas nessa teologia são as dos povos imersos nas culturas da África, culturas que via de regra diferem da ocidental. Na África, as pessoas querem saber se sua fé cristã é compatível com a veneração de ancestrais e com os métodos tradicionais de cura, o vaticínio de espíritos e assim por diante.

A teologia ocidental lida com as questões suscitadas pela cultura ocidental e, em especial, com as questões modernas de secularização. Entretanto, elas são tratadas como universais, e a teologia ocidental é tida como igualmente aplicável a todos os povos de todas as culturas. Até recentemente, a teologia ocidental desconhecia sua própria contextualização.

A teologia asiática vivencia um problema semelhante com o imperialismo teológico do Ocidente. Os asiáticos têm outras questões de fé porque fazem parte de uma ou mais culturas bastante diversas.

A teologia da libertação é uma tentativa amplamente latino-americana de responder a questionamentos levantados pelos pobres e por simpatizantes que queriam se juntar à luta por libertação política em seus países. Levantou questões sobre as presunções capitalistas de grande parte da teologia ocidental e tentou discernir o que Deus desejava dizer aos pobres e oprimidos.

Teologia *kairos* foi o nome dado a uma teologia sul-africana inteiramente contextual formulada em resposta à crise (*kairos*) criada pelo regime de *apartheid* quando este declarou que todos os cristãos eram obrigados a obedecer ao governo com base no que Paulo diz em Romanos 13,1-7. Isso aconteceu no auge do *apartheid*, quando o regime lançava bombas de gás lacrimogênio contra estudantes em protesto, prendendo-os e matando-os. Questões sobre o significado da fé cristã nessas circunstâncias eram suscitadas e o povo clamava por respostas.

Teólogos profissionais foram consultados, mas, no final das contas, foi o próprio povo cristão, formado por aqueles sem nenhuma credencial ou autoridade específica, quem redigiu o agora famoso Documento Kairos de 1985. Eles condenavam com veemência a teologia do governo, desafiavam as Igrejas a se pronunciar sem medo das consequências e propuseram uma teologia profética de ação contra a tirania do *apartheid*.

Essas e outras teologias conscientemente contextuais deram origem à indagação de quem podia fazer teologia.

Quem pode fazer teologia?

Praticamente todas as teologias que herdamos e comumente ainda ensinamos em nossos seminários e universidades foram desenvolvidas, e continuam a sê-lo, em um contexto acadêmico. Em outras palavras, as questões de que a maioria dos teólogos profissionais vem tratando originaram-se do que outros teólogos por profissão disseram. Há séculos, teólogos acadêmicos, tanto católicos quanto protestantes, engajam-se em discussões entre si em um jargão abstrato e técnico que poucos fora de seus círculos conseguem compreender.

Até recentemente, essa teologia acadêmica era ainda mais restrita por ser exclusivamente masculina, predominantemente eclesiástica e, no caso dos católicos, em grande medida celibatária. As deveras legítimas questões de fé dos pobres, dos ignorantes, das mulheres, dos leigos, dos negros e dos casais não eram consideradas relevantes para a formulação de uma teologia. E sempre que levadas em conta essas questões foram filtradas por mentes estreitas de acadêmicos brancos, do gênero masculino e do universo clerical.

Tudo isso está mudando agora, e mudando rapidamente. A tendência é a teologia passar para as ruas de modo a enfrentar novas questões oriundas de contextos não acadêmicos. Essa mudança suscita questionamentos sobre quem faz teologia. Não se trata simplesmente de incluir negros, mulheres e leigos entre teólogos profissionais. Se a teologia é a fé em busca de compreensão, então toda pessoa de fé pode fazer teologia porque toda pessoa de fé pode tentar compreender sua fé fazendo perguntas e procurando respostas. Nem devemos supor que o crente comum não sabe como formular perguntas ou é incapaz de encontrar respostas.

Em muitas partes da Igreja hoje em dia os católicos não são estimulados a fazer perguntas sobre o significado de sua fé. Às vezes, temos até mesmo a impressão de que, se fazemos perguntas, deve ser porque nossa fé é frágil. Ouvimos que nos tornamos um Tomás duvidoso ou que, como Pedro caminhando sobre as águas, somos homens e mulheres de pouca fé. Isso não é verdade.

Fazemos perguntas para fortalecer nossa fé, não para enfraquecê-la. Fazemos perguntas para entender melhor nossa fé e saber como ela se relaciona com as circunstâncias em que vivemos. E, se realmente temos dúvidas, é preferível expressá-las a ocultá-las e suprimi-las. Questões e dúvidas podem encorajar-nos a procurar e continuar procurando até encontrarmos as respostas, a bater e continuar batendo até que a porta se abra.

Em alguns círculos católicos é muito difícil fazer que as pessoas formulem questões inquiridoras sérias. Ao ensinar teologia, costumo constatar que leva muitas horas e até mesmo dias de explanação até que alguns católicos se arrisquem a expressar uma dúvida ou fazer uma pergunta séria. Entretanto, quando se sentem suficientemente livres para isso, as perguntas jorram como um dilúvio incontrolável.

Estimular os alunos a fazer perguntas é um método pedagógico benéfico no ensino de qualquer matéria. Mas em teologia isso se reveste de um significado adicional porque a base sobre a qual nos assentamos como mestres é a fé dos alunos. Suas questões devem ser questões de fé.

Parte da arte de ensinar teologia é a capacidade de ajudar os alunos a evitar fazer perguntas por fazer ou por mera curiosidade, mas levantar questões que realmente afetam sua fé e sua prática cristã. A teologia é a fé em busca de compreensão. Em outras palavras, minhas dúvidas originam-se de meu compromisso com a fé em Jesus Cristo. Não se pode fazer teologia sem fé.

Encontrando as respostas

O que muitos procuram são respostas instantâneas – frases de efeito. Quando se abrem as comportas e as questões jorram, fica-se tentado a oferecer respostas rápidas e fáceis. Sejam tais respostas fornecidas por um professor de teologia ou por outra pessoa do grupo, elas raramente são de alguma utilidade. Para fazer teologia como se deve, é preciso ser capaz de sustentar a questão, estacioná-la, se necessário, e inclusive dedicar tempo a analisá-la. Por que estamos fazendo essa pergunta?

Também não devemos ficar satisfeitos com a primeira resposta que nos vem à mente. Uma resposta intuitiva e espontânea é válida, mas o que os outros pensam? Responder a questões de fé deve ser um exercício comunitário. Todos nós temos de escutar o que aqueles que compartilham nossa fé têm a dizer. Precisamos ouvir a opinião uns dos outros, de teólogos bem informados e dos que detêm autoridade na Igreja (o magistério). Acima de tudo, necessitamos ouvir Jesus, a quem consideramos a Palavra ou a revelação de Deus.

Escutar todas essas vozes pode não nos trazer nenhuma resposta clara e consistente. A busca deve prosseguir. "Buscai, e achareis", disse Jesus. "Batei, e a porta abrir-se-vos-á." Em última análise, aquilo com que estamos lidando não é mera matéria acadêmica, mas a fé das pessoas a quem estamos tentando ensinar. Assim como as perguntas que elas fazem devem ser questões de fé, também as respostas que elas buscam devem ser respostas de fé. Em outras palavras, em um sentido muito importante, as respostas virão do compromisso de fé do aluno. Nesse sentido, serão uma obra do Espírito Santo.

A arte de lecionar teologia é, entre outras coisas, a arte de permitir que o Espírito atue no aluno e na sala de aula como um todo. Desse modo, eles vão aprender a fazer sua própria teologia e obter uma compreensão mais profunda de sua fé.

SEÇÃO 2

VALORES DA EDUCAÇÃO DOMINICANA: A PRÁTICA — NO PRESENTE E NO PASSADO

Liberdade e justiça na região amazônica:

"Sendo manifestos como carta de Cristo, ministrada por nós, e escrita, não com tinta, mas com o Espírito do Deus vivo" (2Cor 3,3)

Xavier Plassat, OP

Na região norte do Brasil, há muitos anos vem ocorrendo um intenso conflito sobre terras no qual trabalhadores rurais lutam pela subsistência contra a exploração dos mais ricos. Cerca de trinta anos atrás, para lidar com essa situação, a Igreja estabeleceu a Comissão Pastoral da Terra – CPT. Um membro fundador de destaque dessa comissão foi o frade-bispo dominicano Dom Tomás Balduíno, já conhecido como um firme defensor dos direitos do povo indígena e da população pobre da zona rural. A visão profética e os esforços proativos de Dom Tomás foram inspirados pela promessa bíblica de que "os pobres herdarão a terra".

Ao longo dos anos, uma série de irmãs e irmãos dominicanos destacou-se na missão da CPT. Trata-se basicamente de um trabalho educativo de capacitar os trabalhadores rurais para que encontrem um padrão alternativo de desenvolvimento. Muitas vezes arriscando a própria vida, essas mulheres e esses homens dominicanos lutaram ao lado da população pobre da zona rural para resistir a atos de violência, prisão, escravidão e morte, que são com demasiada frequência parte da vida diária na região.

Esse relato reflete o processo de engajamento zeloso com essa missão, de maneiras tradicionalmente dominicanas – por meio de uma presença compassiva, programas de conscientização dos direitos humanos, análise do contexto sociopolítico, denúncias de injustiça, formação para a missão, amparo legal e realização de ações com vistas à libertação. Tentamos trazer os leitores à nossa realidade para que sintam os valores e princípios envolvidos.

Campos Lindos: resistência ou submissão?

Estamos na região Norte do Brasil, mil quilômetros ao sul de São Luís do Maranhão e 1.500 quilômetros ao norte de Brasília, no limite dos estados do Maranhão e de Tocantins. Essa área esteve no centro das atenções da mídia nas décadas de 1970 e 1980 por causa da intensidade dos conflitos[1] entre os grandes proprietários de terras e os pequenos trabalhadores rurais que ocupavam a terra sem direito de posse ou registro legais. Os trabalhadores rurais haviam migrado da região Nordeste em busca de terras onde pudessem cultivar uma agricultura de subsistência para suas famílias: arroz, feijão e mandioca. Eles já haviam sofrido opressão sob as leis cínicas dos grandes proprietários rurais cujas terras eles roçavam. Com permissão para viver na terra limpa e plantar algumas "linhas"[2] de plantações próprias, na primeira colheita eles tinham de semear a terra com pastagem e seguir adiante para roçar uma nova zona. Após toda a terra estar roçada, eles não eram mais bem-vindos. Viram-se na estrada logo no final da década de 1960. Isso coincidiu com a penetração e a ocupação da região amazônica. Os sem-terra uniram-se a aventureiros em um movimento estimulado pela construção de novas estradas que ligavam a nova capital, Brasília, a Belém do Pará (2.500 quilômetros ao norte) e a Manaus, e pelo chamariz dos incentivos fiscais que atraíam especuladores de todo o país. Os trabalhadores rurais peregrinos, já instruídos em uma religião bastante bíblica, viviam esse exílio preservando o ensinamento do bondoso Padre Cícero: esse padre do sertão havia na verdade encorajado seus seguidores a buscar a Bandeira Verde além do rio Araguaia, um rio tão grande e misterioso que cruzá-lo era considerado o equivalente a cruzar o mar Vermelho.

Nessa nova região, povoada por comunidades indígenas, os peregrinos encontraram terras onde puderam assentar-se e restabelecer seu ancestral sistema de subsistência em comunhão com a natureza, um sistema baseado em abrir e queimar clareiras e numa agricultura semi-itinerante, levando em conta que a floresta e a terra demandavam tempo de recuperação. Eles se

1 Sobretudo no Bico do Papagaio, onde, por ordem dos fazendeiros, o Padre Jósimo Tavares – coordenador da CPT e pároco auxiliar, negro e defensor dos pobres – foi assassinado em 1986 na idade emblemática de 33 anos. A região fica às margens dos rios Tocantins e Araguaia, ao norte do atual estado de Tocantins.

2 A "linha" (também chamada de "tarefa" ou "litro", é uma unidade de medida correspondente a cerca de 1/50 de um hectare. Um alqueire consiste em dezesseis linhas (ou 4,84 ha, que são 100 braças de 2,20 m × 100 braças). Uma família geralmente cultiva de três a dez linhas por ano, todas trabalhadas manualmente.

tornaram posseiros: proprietários das terras onde viviam, embora ainda sem títulos de propriedade, exceto aquele que a Constituição brasileira reconhecia após um ano de ocupação pacífica, sob a antiga lei do usucapião.

Estamos, mais precisamente, em Tocantins, um estado criado em 1988 para permitir a criação a pasto às oligarquias que dominavam uma área de aproximadamente metade do tamanho da França. Estamos em Campos Lindos, onde várias centenas de famílias de posseiros que emigraram para essa região do estado vizinho do Maranhão vivem sob esse regime pacífico de ocupação. A vida rural aqui é regulada pela estação seca (de abril a outubro) e pela estação chuvosa (novembro a março); após as primeiras chuvas, fazemos o plantio de alimentos. Caça, criação de rebanhos e colheita nativa complementam o sustento. O pouco que sobra é vendido na cidade: farinha, arroz, frango e ovos. Feriados e dias santos completam um estilo de vida comunitário pontuado por celebrações simples. O padre aqui é uma raridade. Há muito tempo a comunidade aprendeu a viver sem essa figura, mas quando ele aparece a ocasião é aproveitada, o festejo torna-se ainda mais especial: casamentos e batizados que estavam "suspensos" são celebrados prontamente.

Aqui estamos na companhia de Sadi – Sadi de Araujo Abril –, da família Abreu. Sadi tem 27 anos; ele se casou com Raimunda há dois anos, imediatamente após concluir o segundo grau. Seu primeiro filho nasceu neste ano. Sadi lembra-se da comunidade em rápida transformação onde cresceu, com seus pais, posseiros da Serra do Centro. Ele recorda as frequentes visitas do missionário irlandês Pai Bernardo, e as celebrações da Palavra de Deus com ele. Do Êxodo aos profetas e ao Novo Testamento, uma linha direta podia ser traçada até a vida corrente da comunidade: uma comunidade predestinada, lida e falada na Bíblia, acreditada e celebrada na fé, testada e talhada nos desafios que começavam a ameaçar a própria existência da comunidade. Essas ameaças consistiam: em grandes fazendeiros do sul atraídos pelo bezerro de ouro que é a cultura da soja; na pressão do governo para implantar a qualquer preço um projeto urdido com o Banco Mundial em nome do progresso; no confisco de terras; na expulsão de trabalhadores rurais que não possuíam títulos de propriedade; na destruição em massa da savana e na contaminação de poços e rios com produtos tóxicos pulverizados por avião; na exploração de ex-trabalhadores rurais convertidos em ajudantes com, aqui e acolá, práticas características de escravidão moderna. Enfrentando os confiscadores de terras (grileiros), pacientemente, entre reuniões à luz de tochas, assembleias, cursos de treinamento e celebrações, a comunidade acordava para o conhecimento de seus direitos e dos meios de aplicá-los sem baixar a cabeça. Sadi estudou na escola para missionários leigos com João, também da Serra do Centro, e cinquenta outros jovens da diocese (Miracema do Tocantins). O método de aprendizagem do curso de quatro anos (Método do Pai Comblin) constantemente "casava" a vida na comunidade, conjunturas sociais e políticas, história da Igreja, estudos bíblicos e teologia da libertação.

Foi aí que Sadi aprendeu a diferença entre ser um súdito e viver submisso, foi onde ele desenvolveu sua opção pela terra e a resistência, em nome do amor por essa terra, em nome de sua fé testada. É verdade que o bispo, em resposta às preocupações de um sacerdote que não queria perder nem *status* nem receita, não concedeu todas as responsabilidades prometidas a esses jovens, mas o que importa? Uma Igreja atolada no trilho da passividade ou do rito ou da celebração, vangloriando-se de seu próprio carisma, não interessa a Sadi. Ele fala do que realmente lhe importa, sua "dignidade", e recusa-se a ceder. Pedro Casaldaliga, Josimo Tavares e Padre Brian são fontes de grande admiração. São pessoas que não aceitam passivamente as coisas como elas são.

Desse modo, ao retornar de Miracema, ele viu a extensão do desastre engendrado contra seu povo pelos plantadores de soja e não hesitou um instante. Com o sindicato dos trabalhadores rurais, ele reuniu trinta famílias que decidiram ocupar a fazenda abandonada Suçuarana. Polícia, pressão política, chantagem e outras ameaças não os subjugaram. Sadi e outras dez famílias conseguiram, com dignidade, resistir até agora, após oito anos de toda sorte de intimidação incitando-os a abandonar sua postura. Ele tomou conhecimento dos programas da CPT e da FETAET (Federação dos Trabalhadores do Estado do Tocantins): novas reuniões, cursos de treinamento, ações públicas, festas e celebrações, visitas a outras áreas, compartilhamento de preocupações comuns entre trabalhadores do norte e do sul, e tudo isso aumentou o envolvimento de Sadi na causa. Ele percorre as estradas da região em uma velha motocicleta para visitar, confortar e unir os trabalhadores rurais, discutir projetos, estratégias e movimentos, alegrias e tristezas. Ele continua a buscar recursos nos livros de Isaías, nas cartas de São Paulo, nos Atos dos Apóstolos, nos Evangelhos. Para ele, a ideia de que somos, na imagem de Cristo, "manifestos como carta de Cristo, ministrada por nós, e escrita não com tinta, mas com o Espírito do Deus vivo" (2Cor 3,3), é tão simples quanto concreta, e ele não tem nenhuma dificuldade em passar essa mensagem adiante.

Resistência

O que um grupo de trabalhadores rurais desarmados pode fazer quando de uma multidão de grandes fazendeiros mecanizados, explorando seus operários, tudo em nome dos "interesses mais elevados" da nação?

Defender suas terras do confisco é um primeiro passo essencial. Os posseiros da Serra do Centro aplicaram sua própria marca de obstinação e conseguiram fazer o governo ceder – ao menos parcialmente: após cinco anos de conflito, seus direitos a uma parte das terras foram reconhecidos, e títulos confirmando esses direitos conferidos.

Demarcar seu próprio espaço é o que os invasores da fazenda Suçuarana também foram capazes de impor, com uma capacidade de resistência heroica diante de ofertas tentadoras, embora irrisórias, de compensação para que deixassem seu pedaço de terra. Ao não ganhar nada por meio do dinheiro, o "proprietário", então, terraplenou brutalmente as "adoráveis planícies" do cerrado, reduzindo-as a um deserto deplorável. Como os intrusos podem continuar a sobreviver agora em meio a esse mar de soja?

A resistência não está somente em enfrentar o adversário, mas na construção de um projeto que será um dia – talvez – maior do que ele. Em sua velha motocicleta, por meses Sadi visitou e conversou demoradamente com cada uma das comunidades. Com o apoio de um agrônomo, ele e eu lideramos várias reuniões para propor que, juntos, entre trabalhadores rurais, e com o auxílio da CPT, deveríamos compartilhar nossas experiências de o que estávamos fazendo, por que estávamos fazendo, o que funcionava, o que não funcionava, quais eram nossos sonhos, quais eram nossos maiores temores, o que queríamos para nossos filhos, nossa terra, para o futuro da comunidade e da região. Aos poucos, a ideia de uma reunião para debater o sonho em comum do futuro da área vingou. Algumas pessoas acreditavam que era essencial seguir o exemplo dos "grandes conquistando espaços" e plantar soja e pasto. Sim, mas e depois? Outros insistiram na fantástica riqueza guardada no coração do cerrado: uma variedade de árvores e plantas, todo um ecossistema contendo o segredo da energia necessária para sua constante reprodução, sem qualquer ajuda externa, artificial. Deveríamos adaptar a natureza a nossos desejos ou adaptar nosso modo de vida ao da natureza e tirar pleno proveito da simbiose, sem fazer da terra uma *commodity*, essa mais misteriosa das dádivas que estava aqui antes de nós e permanecerá muito tempo depois de termos partido? Lentamente se vislumbrava um passo à frente. Quarenta famílias, de quatro comunidades, concordaram em seguir adiante por conta própria. Com base em uma pesquisa inicial, conduzida pelos próprios trabalhadores rurais, listando as espécies disponíveis, os tipos de terra, as forças e fraquezas das várias plantas conhecidas, e após várias sessões de trabalho, os ingredientes estavam prontos para formular o projeto dos trabalhadores rurais por desenvolvimento sustentável. Sustentável: as primeiras famílias interessadas logo compreenderam que, entre o lucro instantâneo associado à dívida e à destruição ambiental e uma proposta para o uso racional do cerrado, havia uma enorme diferença. E, como o futuro está nas mãos das crianças, o que poderia ser mais apropriado do que uma escola onde a paixão transmitida de uma geração a outra pudesse ser amparada por conhecimento teórico e prático, em uma atmosfera que celebrasse o estilo de vida rural, reagindo aos desafios da sociedade, da política e da cultura, sem abandonar a identidade cultural?

Todos nós temos direito a uma vida digna. Essa foi a reação imediata dos trabalhadores de Campos Lindos quando, há cinco anos, seu sindicato teve de dar abrigo a meia dúzia de ajudantes que, não mais capazes de suportar um tratamento "pior do que a animais", sem salário e forçados a trabalhar em condições horrendas, haviam fugido da fazenda Santa Catarina, uma das novas fazendas de soja adquiridas por um político do Sul. O sindicato logo divulgou o sistema de alerta sugerido pela CPT. Após três semanas de espera, em segredo, Campos Lindos testemunhou a intervenção de uma equipe do Grupo Móvel Nacional de Inspeção do Trabalho. O escândalo irrompeu: a tomada de posição permitira a libertação de 28 "escravos", de acordo com a denominação oficial, o pagamento dos salários vencidos e seu transporte ao local do falso recrutamento, nos estados vizinhos de Piauí e Maranhão. Davi vencera Golias.

Ouvi os lamentos de meu povo e vim em seu socorro

Abra os olhos para não se tornar um escravo! Essa foi a mensagem transmitida pela CPT na reunião para informações sobre esse tema, realizada pela igreja de Campos Lindos, à qual trinta trabalhadores rurais haviam acorrido. Presidi essa reunião, tendo sido recentemente nomeado coordenador da campanha organizada entre as equipes da CPT dos estados de Pará, Maranhã, Mato Grosso e Tocantins. A campanha combate as práticas de trabalho escravo encontradas nessas áreas da Amazônia. Cento e vinte e seis anos depois de sua abolição oficial, a escravidão persiste no Brasil. Até hoje, o poder jamais escapou aos senhores desse latifúndio que é o Brasil. A escravidão e a concentração de terras passam de mão em mão[3]. Servindo a um modelo de exploração predatória, alicerçado na monocultura e nas exportações, que atualmente é conhecido como "agronegócio".

Será que a escravidão realmente existe? Desde 1995, mais de 18 mil trabalhadores rurais foram libertados de um regime de escravidão moderna por grupos especiais de inspeção. Eles não foram libertados por meros "detalhes". Se o foram, foi porque foram encontrados em situações sub-humanas, condições de trabalho, alojamento, alimentação e isolamento que em muitos casos eram muito piores do que as oferecidas aos animais a quem seus trabalhos, de modo geral, destinavam-se. Temos evidências diárias desse tipo de situação. Na CPT, todos os dias abrigamos trabalhadores rurais que fugiram de uma fazenda e imploram para que tomemos seus depoimentos. Esses relatos geralmente nos deixam atônitos. Acolher e escutar essas vítimas e compreender a realidade que elas descrevem para combatê-la com eficiência são nossas prioridades. Temos conseguido confirmar que as características da escravidão moderna não deixam nada ao acaso: elas correspondem a um verdadeiro modelo-padrão, a ponto de podermos até mesmo falar de um *sistema* de escravidão moderna. Por um lado, há uma população vulnerável, sem acesso à educação, à terra, a qualquer oportunidade de emprego. Em seu caminho, existem vários intermediários: recrutadores conhecidos como "gatos", traficantes de pessoas, donos de hotéis corruptos com quartos horrendos. Todos são atores de uma ilusão vendida a crédito na forma de uma fantástica promessa de futuro e geradores de dívida, cujo pagamento será exigido do trabalhador na outra ponta da cadeia, na distante floresta, na clareira formada no meio da Amazônia pelos estados de Maranhão, Tocantins, Pará e Mato Grosso (onde encontramos 80% dos casos). Não chamamos de escravidão qualquer situação lamentável, ainda que impor condições de trabalho degradantes a alguém já seja um marco claro na estrada para a escravidão. A elite brasileira prefere lançar dúvida sobre essa realidade. Existem, porém, leis, tanto nacionais quanto internacionais, que designam tal situação de modo preciso: escravidão moderna (*debt bondage*). Nesse caso, são a liberdade e a dignidade de uma pessoa que lhe são negadas radicalmente. Os ingredientes usados para isso

---

3 Ver Binka Le Breton, *Trapped: Modern-day Slavery in the Brazilian Amazon*, Connecticut, Kumarian Press, 2003.

têm nome: falsas promessas, condições degradantes, retenção de salários, aquisição de dívidas, trabalho forçado, ameaças, proibição de partir. Todos os dias ônibus de "turistas" partem da região Nordeste rumo ao Mato Grosso, transportando sua carga de cortadores de cana iludidos; mais perto do destino final, pensões para trabalhadores migrantes não faltam em Marabá (Pará), Açailândia (Maranhão) e inclusive Araguaína (onde vivo, no Tocantins). Eles fornecem mão de obra para locais de desmatamento no Amazonas, para manutenção de pastagens no Pará e em nosso estado e também para a produção de carvão no Maranhão (carvão posteriormente usado pela indústria siderúrgica); outros, no Mato Grosso, vão colher algodão ou extrair raízes onde surgirá uma nova plantação de soja. Trabalhadores itinerantes (cuja vida se tornou uma constante migração de uma fazenda para outra), migrantes temporários ou trabalhadores residentes que vivem na região competem por essas miseráveis ofertas de serviço.

É essencial entender as razões para esse comércio escravo moderno se pretendemos romper o ciclo da repetição. Libertar um escravo, embora indispensável, não altera o problema: isso não seria atacar o sistema escravagista. Em suma, o sistema baseia-se em três pilares: a miséria de milhões de brasileiros; a postura do "lucro a qualquer preço" de milhares de oportunistas cruéis; a impunidade incorporada pela elite que tira proveito dessas práticas criminosas. Sua perpetuação é garantida pela manutenção da miséria, da exclusão da posse de terras e do emprego; pelo império baseado no lucro, a única força propulsora do agronegócio; e pela cumplicidade das autoridades, sobretudo do legislativo e do judiciário, que amparam os culpados sem questionamento. É verdade que muitos deles pertencem ao mesmo ramo da sociedade. Miséria? Entre os escravos modernos, 99% são analfabetos, 90% começaram a trabalhar na infância e 80% nem sequer têm documento. Lucro? Na guerra pela ocupação do mundo, temos nossa arma secreta (a famosa "vantagem comparativa"): escravidão. Impunidade? De acordo com nossos cálculos, se mais de duzentas situações coletivas de escravidão foram reconhecidas na região do Pará desde 1996, ao menos quinhentas pessoas, associadas ao crime de um jeito ou de outro, devem ter sido processadas (gatos, donos de hotéis, transportadores, proprietários, pistoleiros). Entretanto, apenas 49 processos foram implementados e somente 24 tiveram o procedimento legal concluído, com cinco condenações, a propósito com penas leves.

Tendo identificado os fatores da escravidão moderna, agora necessitamos implementar medidas para quebrar o círculo vicioso. Na CPT, nossa missão é inquietar: lançar à sociedade, tanto nacional quanto internacional, e às autoridades públicas a mais temível das perguntas: "*¿Estos, no son hombres?*"[4]. Fazemos a pergunta em todos os tons de voz, a todos os públicos e em todos os lugares; apresentamos evidências, examinamos dados e análises estatísticas, refinamos argumentos e negações, publicamos denúncias e requerimentos, distribuímos artigos e relatórios documentais e encaminhamos ações legais até as cortes internacionais. Por acreditarmos na força dos pobres – tomando a experiência de Campos Lindos como prova –, intensificamos nossas interações com inúmeros grupos, criando atividades para introduzir ideias de igualdade, sensibilizar quanto aos problemas da escravidão, treinar pessoas com novas habilidades, encorajar denúncias, organizar, dar noções de resistência e desenvolver alternativas. Para isso, produzimos instrumentos, textos, filmes, fotos e até mesmo apresentações multimídia, tanto didáticas quanto artísticas. Propomos sessões educativas, seminários e *workshops*, com o objetivo de gerar novos contatos, no coração de movimentos populares mais próximos à população-"alvo". E, visto que pretendemos inquietar aqueles que estão por demais acomodados, também provocamos debates e controvérsias, seminários e denúncias públicas, entre as mais diversas populações daqueles que se autodenominam "decisores" ou formadores de opinião: juízes, advogados, procuradores, agentes policiais, jornalistas, agentes pastorais e professores. Em contrapartida, não somos poupados de perseguições, denigrações, mentiras e até mesmo ameaças. Membros de nossa CPT, entre os quais alguns dominicanos, foram ou são atualmente ameaçados de morte. Nesses momentos, como podemos

4 "Eles não são homens?", exclamação do Frade Antonio Montesinos, OP, em seu sermão pronunciado durante o Advento na cidade de Santo Domingo, na ilha La Espanhola, criticando os fazendeiros responsáveis por escravizar índios: "Esta voz, dijo él, que todos estáis en pecado mortal y en él vivís y morís, por la crueldade y tiranía que usáis con estas inocentes gentes. Decid, ¿con qué derecho y con que justicia tenéis en tan cruel y horrible servindumbre a estos índios? ¿Com qué autoridad habéis hecho tan detestables guerras a estas gentes que estaban en sus tierras mansas y pacíficas, donde tan infinitas de ellas, con muertes y estragos nunca oídos, habéis consumido? ¿Como los tenéis tan opresos y fatigados, sin darles de comer ni curarlos en sus enfermedades, que de los excesivos trabajos que les dais incurren y se os mueren, y por mejor decir, los matáis, por sacar y adquirir oro cada día? ¿Y qué cuidado tenéis de quien los doctrine, y conozcan a su Dios y creador, sean bautizados, oigan misa, guarden las fiestas y domingos? **¿Estos, no son hombres**? ¿No tienen almas racionales? ¿No estáis obligados a amarlos como a vosotros mismos? ¿Esto no entendéis? ¿Estos no sentís? ¿Cómo estáis en tanta profundidad de sueño tan letárgico dormidos? Tened por cierto, que en el estado [en] que estáis no os podeis más salvar que los moros o turcos que carecen y no quieren la fe de Jesucristo" (citado por Bartolomeu de las Casas em sua *Historia de las Indias*).

esquecer que professamos uma fé em Deus que tornou a entidade divina conhecida pelo próprio ato de libertar escravos? Acreditamos no Deus da libertação, que está acima do Deus da compaixão. "Ouvi os lamentos de meu povo e vim em seu socorro", disse Jeová. O passado não foi diferente do presente.

Todos os direitos a todos os povos! Nestes tempos de desigualdade crescente, essa máxima legada a nós por Bartolomeu de las Casas parece-nos resumir precisamente, em terminologia deveras corrente, a profusão da promessa evangélica de uma vida de abundância, e traçar o caminho de resistência, denúncia e proclamação que deve ser o dos discípulos de São Domingos.

Em nossa luta pela abolição do trabalho escravo e, ao mesmo tempo, para ensejar a verdadeira reforma agrária, que daria margem a assegurar outro modelo de desenvolvimento rural, respeitando as pessoas, as terras e as águas, gostaríamos de aplicar todos os recursos que a tradição dominicana nos disponibiliza: um estilo de vida fraternal vivenciado por um povo, a arte de escutar, a compaixão, o estudo além do imediatamente visível, a denúncia, a proclamação de outro mundo possível, palavras esperançosas e nutridas pelo Evangelho encarnado no aqui e agora, a contemplação e celebração da grandeza de Deus através dos tempos.

Sadi e seus companheiros com quem trabalhamos não conhecem Paulo Freire, Joseph Lebret ou Bartolomeu de las Casas, mas eles vivem de acordo com seu espírito em bases diárias: um trabalho constante de libertação, respeito por *know-how* e desejos, receptividade a diferenças e sonhos, indignação sempre prestes a irromper, uma cultura de libertação, uma esperança capaz de mover montanhas; é assim que há muito tempo eles aprenderam a trabalhar com sua comunidade. Eles também sabem que isso não lhes rendeu apenas bons amigos.

Se você pode enxergar, veja. Se você pode ver, faça algo a respeito!

Livro do Conselho, citado por José Saramago

Educação teológica na tradição dominicana: curar e educar as relações

Kathleen McManus, OP

Introdução

Refletindo sobre as abordagens à imposição de opressão e dominação em nosso mundo, Ivone Gebara sugere que a solução é "uma questão de curar e educar nossas relações"[1]. Refletindo sobre o relacionamento da Universidade Católica com a Igreja, Paul Lakeland observa que é tarefa da universidade educar a Igreja[2]. Refletindo sobre minhas próprias experiências, pastorais e acadêmicas, de tentar "educar a Igreja", percebo o quanto isso acarreta uma cura relacional. Ironicamente, inerente ao processo de cura relacional há a dinâmica de um misticismo de resistência: resistência àquilo que não deveria ocorrer, impulsionada por uma paixão criativa e ardorosa por aquilo que deve ser gerado na Igreja e no mundo.

A missão originária e duradoura da Ordem dos Pregadores é educar a Igreja como um instrumento de salvação do mundo. Oitocentos anos após a fundação da Ordem, o modo relacional de Domingos de buscar e pregar a Verdade é necessário de maneiras jamais concebidas por aquele jovial frade que lamentava pelos "pobres pecadores". A união impecável entre estudo contemplativo e pregação que Domingos vislumbrou incluía a vida acadêmica na universidade, mas sempre a serviço de uma verdade pessoal, relacional encarnada na Igreja e no mundo. O escopo do mundo habitado pelos dominicanos da atualidade e nossa gama de acesso relacional uns com os outros e com potenciais "ouvintes do mundo" é algo que Domingos

1 Ivone Gebara, *Out of the Depths: Women´s Experience of Evil and Salvation*, Minneapolis, Fortress, 2002, 120.

2 Paulo Lakeland, *The Liberation of the Laity*, New York, Continuum, 2003, 281.

teria considerado miraculoso. Cabe, portanto, a nós cumprir atentamente nossa assombrosa responsabilidade pela pregação nesta era de imanência global.

Como pregadores, professores e, em especial, teólogos, encontramos o material da verdade no mundo em que vivemos[3]. Não devemos nos surpreender com o fato de que a Igreja destinada a ser uma "luz para o mundo" possa aprender com o mundo aquilo que é necessário para a cura e a salvação – até mesmo as suas próprias. Especialmente as suas próprias. Como o Vaticano II articulou, desenvolvimentos em ciência, tecnologia e toda esfera do interesse humano contribuem para a compreensão da Igreja sobre sua missão e ensinam-lhe algo mais do mistério que lhe cabe proclamar. Ao mesmo tempo, e cada vez mais hoje em dia, o sofrimento vivenciado em tantas partes do mundo pode ensinar-nos, em contraste, aquilo de que se necessita para a cura e a salvação, e no que nós, como Igreja, devemos nos transformar a fim de realizar essa cura. A tarefa da Ordem dos Pregadores no mundo é exatamente ser a força catalisadora para a própria transformação da Igreja em uma era global.

Contexto experiencial

Tudo que é global origina-se do local, do particular e do pessoal. Assim é com a tarefa de curar, a tarefa de participar da obra de salvação. Assim é com a tarefa da educação teológica na tradição dominicana, uma tarefa que demanda um misticismo de resistência. Escrevo aqui com base em minha própria experiência como pregadora-teóloga dominicana cujo papel atual evoluiu para além dos contextos mutantes de minha própria vida e meus relacionamentos. Na infância, fui atraída para a vocação de lecionar; na adolescência, vi-me cada vez mais ligada a comunidades de ativismo em prol de várias questões de justiça; ao mesmo tempo, fui atraída a um ministério litúrgico e sacramental, e, em um relacionamento mentor com um mestre pregador, uma centelha de meu próprio carisma de pregação foi identificada e incandescida. Desse modo, um interesse geral e de longa data pela vida religiosa cristalizou-se como vocação à Ordem dos Pregadores, cristalizou-se no contexto do relacionamento com um grupo

3 "Os dominicanos encontram o fogo pelo qual vivem no mundo em que vivem" (Erik Borgman, *Dominican Spirituality*, New York, Continuum, 2000, 69).

particular de mulheres dominicanas[4] que incorporavam a integração de todas as minhas paixões: o compromisso com uma vida simples e comum de orações, com a justiça e solidariedade com os pobres e com o estudo contemplativo em prol da pregação.

Minha própria educação teológica no contexto da formação dominicana concentrou-se na arte de pregar, e isso me levou a uma posição como pastora associada em uma paróquia urbana fervilhante, multicultural e economicamente pobre na área do Bronx, na cidade de Nova York. Em meio a um ministério rico e variado, meu próprio papel como educadora pastoral e teológica assumiu a forma de pregação litúrgica regular; a formação e o acompanhamento contínuos de membros e participantes da RCIA (Rite of Christian Initiation of Adults); e a educação e coordenação de líderes pastorais da rede multilíngue de comunidades de base que compunham nossa paróquia.

A essência de meu ministério consistia em formar e manter relacionamentos entre membros das equipes RCIA e de Coordenação Pastoral, bem como entre esses grupos centrais e outros, inclusive indivíduos, mais dispersos na paróquia. Ao auxiliar líderes paroquiais a identificar e desenvolver seus carismas específicos, eu buscava sobretudo avivar o carisma pregador latente neles. Simultaneamente, a natureza diária de meu ministério propiciava o acompanhamento de indivíduos e famílias sofrendo o ônus da pobreza endêmica, da imigração e de um ambiente dominado por drogas e crimes. A essência de nosso plano pastoral era transformar as múltiplas entidades culturais de nossa paróquia em uma comunidade equipada para servir em prol das necessidades urgentes da vizinhança como um todo. Logramos êxito de modo significativo, e eu vivenciei certo grau de realização como pregadora, líder pastoral e espiritual e educadora teológica. Ao mesmo tempo, esse contexto ricamente relacional de diversos ministérios revelava-se uma provação severa, pois eu experimentava constantemente a injustiça da sutil depreciação que inevitavelmente marca o ministério feminino na Igreja e que aqueles a meu lado mal enxergavam ou reconheciam. Como a primeira e única mulher em uma equipe pastoral de homens ordenados, meu papel e minhas perspectivas exigiam constante articulação, constante elucidação. Embora os homens com quem eu trabalhava fossem

4 As Irmãs de São Domingos de Blauvelt, New York.

receptivos à conversação e à agenda feminista, eu parecia sempre subir penosamente uma colina, solitária e carregando um ônus que nenhum de meus colegas podia entender ou com o qual se identificar, por mais atenciosos que tentassem ser. Menos ainda eles conseguiam compreender minha frustração quando deliberações eclesiásticas secretas resultavam em decisões que não me incluíam, ou quando o pastor contrariava arbitrariamente diretrizes formuladas a duras penas pela equipe de Coordenação Pastoral sob minha orientação.

A dor e o sofrimento da face obscura de minha experiência eram, na realidade, o atrito existencial da verdade lutando para revelar-se. Aos poucos, dei-me conta de que a depreciação que eu vivenciava por ser mulher intensificava minha relação de solidariedade com os membros diversamente marginalizados de nossa comunidade paroquial cujos apuros particulares de pobreza econômica e minoria étnica eu jamais compartilharia explicitamente. No entanto, eu compartilhava algo de sua experiência de invisibilidade, algo de sua carência de voz.

A realidade, porém, é que eu tenho, sim, voz – uma voz fortalecida pelas comunidades que me acalentaram, consubstanciada por minha educação e minha experiência e comissionada pelo mandato da Ordem dos Pregadores. O fato de eu ter permanecido invisível ou inaudível em arenas eclesiásticas manifestava a cegueira e a surdez institucionais da Igreja, não minha invisibilidade ou minha mudez. Eu tinha a responsabilidade para com todas as pessoas marginalizadas, e sobretudo com as mulheres, de encontrar e seguir o caminho pelo qual eu poderia alcançar minha própria liberdade e meu próprio desenvolvimento, bem como trabalhar para a transformação do pensamento da Igreja por meio do qual as mulheres poderiam ocupar seu lugar legítimo como iguais no clero, na liderança e na tomada de decisões. O caminho era aquele do teólogo, e assim começava o desenrolar de uma nova e definidora dimensão de minha vocação dominicana: a vocação do teólogo.

O teólogo interpreta a tradição viva da fé em uma correlação mutuamente crucial com a experiência contemporânea. A teologia é definida classicamente como *fides quaerens intellectum*, ou "fé em busca de compreensão". Às vezes em nossa tradição essa busca reduziu-se a um exercício estritamente intelectual. Uma interpretação mais completa reconhece a natureza holística da fé, da compreensão e da atividade de buscar.

O conhecimento teológico não ocorre em uma torre de marfim, e certamente não no vácuo. O Concílio Vaticano II recuperou para os teólogos católicos o antigo reconhecimento de que a experiência é o ponto de partida da teologia: a experiência e a memória de fé das primeiras comunidades da Igreja registradas como Escritura; a experiência do desenvolvimento da Igreja em contextos históricos e culturais em transformação, resistindo a controvérsias e articulando sua compreensão emergente de fé como doutrina; a experiência de comunidades de fé em diversos contextos culturais da atualidade, negociando as múltiplas realidades de ciência, política, pluralismo, tecnologia, pobreza e violência à medida que elas impactam a vida humana e o restante da criação. A tarefa do teólogo é manter todas essas dimensões de experiência em uma relação dialética, permitindo à sabedoria de uma tradição viva iluminar as realidades presentes e confiando na Palavra revelada no mundo atual para trazer à tona os novos entendimentos da tradição. A disciplina da teologia demanda, assim, um engajamento vivenciado com a tradição *e* o mundo.

Fidelidade vocacional demandando um misticismo de resistência

A cura e a educação das relações dentro da Ordem

Quando mulheres na Ordem dos Pregadores são convocadas pela vocação ao exercício da teologia, constatamos que, apesar de toda a retórica predominante em contrário, devemos passar por um doloroso processo de resistência para nos dedicar ao caminho do estudo contemplativo. Isto é, devemos resistir à resistência à vida intelectual que lamentavelmente permeia muitas de nossas comunidades locais. Os obstáculos que as mulheres enfrentam ao tentar realizar seu potencial em qualquer arena secular têm suas contrapartidas na Ordem. Dominicanas que fizeram voto, como a maioria das religiosas, são uma espécie prática. Nossas congregações individuais passaram a existir em resposta a necessidades humanas históricas muito particulares e urgentes. Estivemos na vanguarda das ações em serviço social, educação e saúde, focando em especial as necessidades dos desvalidos. Cada vez mais nossas vozes coletivas levantam-se globalmente a favor de inúmeras questões de paz e justiça, sobretudo aquelas que afetam mulheres e crianças. Essa expressão vitalmente encarnadora de nossa busca e nossa pregação da Verdade no mundo acarreta uma teologia integrada e prática que encontra e desafia o mundo em sua realidade concreta. Esse fruto autenticador da "educação teológica na tradição dominicana", porém, requer vários métodos de desenvolvimento, tanto imediatos quanto remotos. Em nosso pragmatismo produtivo, às vezes nós, mulheres dominicanas, nos esquecemos do valor da vida intelectual sustentada, denigrindo-a como uma existência de "torre de marfim" pela qual nossos irmãos são conhecidos, mas que devemos evitar. Assim, enquanto as mulheres com profissões seculares lutam para se libertar das tarefas convencionais atribuídas ao gênero feminino tanto em casa quanto no trabalho, em alguns casos as mulheres dominicanas têm de lutar para se libertar de tarefas convencionalmente valorizadas de serviço e ativismo concreto na Igreja e na sociedade a fim de se dedicarem à vida intelectual.

Na Igreja assim como no mundo, as mulheres continuam sendo cidadãos de segunda classe. Na medida em que as dominicanas atuam para dar poder às mulheres no mundo, algumas deixam de perceber que a autonomia feminina na Igreja acarreta o desenvolvimento de teólogas academicamente equipadas para ficar em pé de igualdade com seus pares patriarcais na Igreja e na universidade. Homens controlaram o pensamento da Igreja ao longo da história. Se as mulheres devem impactar o pensamento que modela a presença da Igreja no mundo, é imperativo que elas obtenham uma preparação que lhes renda reconhecimento eclesiástico e acadêmico.

Aquelas de nós convocadas a enfrentar o patriarcado no âmbito de suas próprias estruturas aprenderam que a fidelidade obediente a nossa vocação dominicana e teológica mais profunda requer um misticismo de resistência arraigado em nosso eterno pertencimento à Ordem e umas às outras. A cura e a educação das relações dentro da Ordem, sobretudo dentro de nossas próprias comunidades, são parte integrante da busca dominicana pela Verdade. Atualmente, as congregações de dominicanas passam por uma metamorfose da qual emergiremos como vibrantes novas criaturas na medida em que acalentarmos o desenvolvimento de membros individuais ao longo dos novos caminhos fiéis a um antigo carisma. Crucial entre esses caminhos é a vida intelectual. Ela é crucial porque a herança intelectual da Ordem requer a incorporação feminina se é para cumprir adequadamente sua missão de educar a Igreja como um instrumento da salvação do mundo. Nós que nos dedicamos a esse caminho nos incumbimos do desafio vitalício de educar nossas comunidades por meio do mútuo discernimento das escolhas colocadas diante de nós. Essa cura e essa educação das relações à medida que forjamos nossos terrenos são transformadoras para nós, para nossas comunidades, para as instituições que nos empregam e para a Igreja e o mundo ao qual somos enviadas.

O caminho contemplativo do estudo escolhido pelas mulheres raramente corre o risco de tornar-se um caminho de isolamento que leve a uma torre de marfim esotérica. Invariavelmente, as teólogas da Ordem dos Pregadores seguem uma agenda erudita que é determinada pelas necessidades de um mundo em sofrimento. Fazemos isso em colaboração com aqueles às margens, aqueles de quem podemos aprender humildemente o que é necessário para a transformação tanto da Igreja quanto do mundo. Entretanto, ao embarcarmos no caminho da teologia de tempo integral, descobrimos que nos unimos ainda a uma nova batalha de resistência – a batalha a ser travada nos salões de uma academia cuja hierarquia patriarcal rivaliza com a da Igreja.

A cura e a educação das relações dentro da academia

A cura e a educação das relações evocam honestidade, humildade, a formação de pontes entre perspectivas diversas e o cultivo da compreensão mútua. Com demasiada frequência as demandas acadêmicas evocam competição, simulação e autoglorificação desavergonhada. Além disso, no tocante aos professores de teologia, até mesmo as universidades católicas expressam um viés crítico contra um registro de publicação por demais pendente para o lado das implicações da teologia para a vida pastoral da Igreja ou para a justiça no mundo. Essa manifestação opressiva da ideologia da "torre de marfim" impõe um sério obstáculo à tarefa da universidade católica de educar a Igreja. Uma hierarquia acadêmica predominantemente masculina é mal equipada para compreender, apreciar ou estimular a teologia com base relacional que as teólogas estão desenvolvendo em resposta a um mundo em sofrimento. Assim, as teólogas na Ordem dos Pregadores são compelidas a exercitar um misticismo de resistência no âmbito das estruturas da academia. Fazemos isso sendo fiéis à Verdade encarnadora que é a fonte viva de toda a nossa teologização. Tal fidelidade demanda um ascetismo *vis-à-vis* as medidas de sucesso internas da academia; ela requer uma liberdade interior que se regozija nos frutos do caminho contemplativo em vez de na aprovação institucional.

A filiação à Ordem dos Pregadores constitui uma fundação singularmente libertadora para a vida acadêmica de conhecimento e ensino. Como dominicanos, e sobretudo como teólogas dominicanas, nossa identidade está arraigada não em uma instituição, mas no carisma da busca e da pregação da Verdade. A universidade proporciona uma arena potencialmente fértil onde exercer esse carisma, mas não define nem limita nossas vidas. Precisamente porque nossa casa é maior do que qualquer instituição, podemos contribuir para o fortalecimento das universidades às quais pertencemos de modo a expressar nossa missão primordial. E podemos nos manter destemidas quando for necessário impor desafio ou resistência às expressões institucionais que conflitam com a busca da Verdade.

Entretanto – e essa é a ironia –, somos parte das instituições contra as quais resistimos! Em larga medida, o sistema universitário oferece-nos a estrutura que nos capacita a perseguir nossa missão. Ele provê recursos para pesquisa e alunos a quem temos o privilégio de ensinar e por quem somos desafiados a crescer. Além disso, ele nos proporciona colegas e colaboradores e, junto com a Ordem, abre acesso a uma rede internacional de estudiosos. A universidade, como Domingos a conhecia, e como Tomás de Aquino penosamente a vivenciou, é uma mistura ambígua: como todo aspecto do mundo, ela requer um engajamento discernente, honesto e corajoso. Requer a disposição de manter um relacionamento – em uma rede de relacionamentos que sempre estarão necessitados de cura e educação e sempre serão, com frequência por meio de resistência dolorosamente exercida, instrumentais em nossa cura e nossa educação contínuas.

Perseguimos uma verdade dinâmica e viva sendo fiéis à rede de relacionamentos que a filiação a uma Ordem global acarreta. Colaboração e diálogo com nossas irmãs e nossos irmãos que fazem teologia nas regiões em desenvolvimento do mundo convocam-nos a uma humildade e uma receptividade que podem ser transformadoras para teólogos norte-americanos e europeus. Em particular, o método fenomenológico feminista que surge das experiências de mulheres oprimidas possui um potencial especialmente transformador para a academia teológica como um todo. Aqueles de nós que abraçam o método fenomenológico feminista devem realizar seu trabalho com ousadia e, portanto, desafiar as prioridades da hierarquia acadêmica de seu interior.

A cura e a educação das relações dentro da Igreja

A educação teológica na tradição dominicana começa e termina na Igreja – com a compreensão de que a Igreja existe não para si, mas para o mundo. Do ministério pastoral entre os pobres, encontrei meu caminho até a academia na expectativa de contribuir com a formação teológica de ministros leigos e ordenados. Embora a educação de alunos graduados no clero constitua um importante componente de meu ensino, grande parte de meu tempo e minha energia agora é investida na educação teológica de alunos não graduados. Aí identifiquei uma oportunidade de modelar o pensamento teológico de uma nova geração – sancionar e encorajar o questionamento e a exploração cruciais por toda a vida. Os alunos de universidades católicas desempenharão um papel significativo na Igreja do futuro, e devemos cultivar sua capacidade de liderança. Nós – dominicanas, mulheres, teólogas – fazemos isso quando instilamos neles o hábito da reflexão teológica de tal modo que lhes ensine a criticar a injustiça na Igreja bem como no mundo, e fazemos isso em lealdade à interpretação autêntica de uma tradição católica viva. Nossa própria fidelidade vocacional exige que geremos em nossos alunos um misticismo de resistência a tudo o que impeça a Igreja de promover o verdadeiro Evangelho no mundo. Fundamentais a um misticismo de resistência são o reconhecimento e a reivindicação de nossa própria responsabilidade por buscar e pregar uma Verdade encarnada.

Quando troquei o ministério paroquial pelo meio acadêmico, eu me afastei deliberada e penosamente de qualquer envolvimento na vida paroquial além de uma participação eucarística marginal. A experiência da invisibilidade e da sutil depreciação que me tirou do ministério paroquial oficial me tornou incapaz do tipo de engajamento paroquial convencional que efetivamente sustentaria o opressivo *status quo*. Agora, precisamente por causa de onde minha vida acadêmica me trouxe, encontro-me situada em uma paróquia recém-fundada com um vibrante senso de comunidade. Relacionamentos dentro dessa comunidade, em especial entre as mulheres, abriram toda uma nova arena em meu trabalho de educação teológica. Essas mulheres estão ávidas por uma vida espiritual consoante com sua própria experiência de sabedoria feminina e procuram o tipo de insumo teológico e acompanhamento espiritual que um sistema patriarcal não pode oferecer e com frequência distorce. Elas sabem instintivamente o que está errado na Igreja tal qual a vivenciam, mas não possuem os recursos para dar novas formas a essa Igreja. Além disso, às vezes elas temem seus próprios questionamentos e sua própria raiva. É precisamente aí, nesses questionamentos e em sua raiva, que eu como uma mulher dominicana e teóloga encontro o material da Verdade exigida para a própria transformação da Igreja. Em relação a elas, minha própria tarefa de educação teológica é clara. Seus questionamentos devem ser acalentados e sua raiva abraçada como fonte de paixão criativa. Minha missão é garantir que suas questões não precisem separá-las da Igreja que, apesar de sua frustração, elas amam como sua origem e seu lar. Aprendi com elas que minha simples presença como dominicana e como teóloga serve para mediar um senso de segurança que as liberta para explorar o caminho de sua própria liberdade espiritual e seu florescimento como mulheres. Em relação a elas, eu também me dei conta de o quanto as mulheres na Igreja necessitam dos recursos que as dominicanas às vezes nem sequer questionam. Isto é, experimentamos em nossas próprias comunidades e na Ordem um jeito de ser Igreja que nos oferece uma alternativa a tudo que deploramos na instituição como um todo. Com frequência, nossa existência é separada do *status quo* da vida católica nas paróquias; assim, deixamos as mulheres católicas privadas dos recursos e do acompanhamento pelos quais poderiam efetivar a mudança onde a maioria das pessoas vivencia a Igreja – no nível paroquial. Meu engajamento na Igreja nesse nível é possível agora porque minha preparação e meu compromisso como teóloga me posicionam em um espaço de liberdade do qual posso atuar de modo autêntico em um papel que não está nem sujeito ao clero nem absorvido na identidade paroquiana tradicionalmente tão submissa. Assim posicionada às margens – a que teólogos e dominicanos pertencem igualmente e de modo legítimo – posso falar crivelmente tanto ao clero quanto aos leigos e ainda prosseguir com meu trabalho teológico na academia. Aqui também a tarefa de curar e educar relações requer um misticismo de resistência. Anteriormente, mencionei que tudo que é global origina-se do local, do particular, do pessoal. A mesma coisa se aplica a tudo o que é eclesiástico. As estruturas eclesiásticas são mantidas no lugar por pessoas – homens ordenados e membros da Igreja que *as* mantêm no lugar por submissão inquestionável ao poder hierárquico. Se uma Igreja transformada significa uma comunidade eclesiástica global que funciona inclusivamente e engaja os carismas de todos os seus membros independentemente de gênero, então tal transformação deve começar com relacionamentos verdadeiros, amorosos na comunidade eclesiástica *local*.

Em última instância, a cura e a educação das relações dentro da Igreja requerem um misticismo de resistência a tudo que deprecie as contribuições femininas e, com isso, coloque em risco a viabilidade da Igreja como uma força relevante no mundo. O futuro da Igreja depende do florescimento das mulheres. As teólogas dominicanas devem mediar os estoques de tradição capazes de iluminar e curar o pecado do patriarcado a partir de seu interior; devemos negar as distorções históricas e ressuscitar símbolos que nutrem o pleno desenvolvimento das mulheres na imagem da Divina Feminina. Como teólogas e educadoras, nosso papel é reinterpretar e articular a doutrina católica através das lentes transformadoras da experiência relacional feminina.

Conclusão

Escolhi discorrer sobre a educação teológica como a cura e a educação das relações que requerem um misticismo de resistência porque descobri que a rede de meus próprios envolvimentos organicamente desenvolvidos na academia, na Igreja e entre os grupos arraigados de mulheres proporciona a ecologia para a educação transformadora. Sou uma pregadora-teóloga dominicana que encontrou seu caminho para o universo acadêmico a partir do ministério pastoral entre os pobres. Do âmago da universidade, retornei como teóloga para ministrar entre os membros mais marginalizados da Igreja – as mulheres. A experiência de conexão entre as mulheres é o recurso que pode curar a Igreja e o mundo. Mas é um recurso que requer estímulo e zelo de estoques selecionados de criatividade na tradição teológica que foram negligenciados, esquecidos ou deliberadamente reprimidos. Minha tarefa é mediar esses estoques criativos para aqueles que anseiam por eles – sobretudo as mulheres, dentro e fora da Igreja, e meus alunos em sala de aula. Eles, por sua vez, vão aos poucos trazer à vida uma Igreja transformada, tornando-a um instrumento da salvação do mundo.

A universidade contemporânea como espaço para a teologia dominicana

Erik Borgman

Fazer teologia na universidade é, para mim, uma atividade muito dominicana. Vejo um profundo significado no fato de São Domingos ter enviado aqueles que desejavam compartilhar sua missão de tornar a pregação um modo de vida religiosa para as novas universidades em desenvolvimento nas cidades medievais em crescimento. Pregar a palavra de Deus de uma forma fiel à tradição cristã significa conhecer o máximo possível dessa tradição. E menos óbvio, porém certamente importante: pregar a palavra de Deus no momento contemporâneo significa conhecer o máximo possível a situação contemporânea. Tanto o conhecimento da tradição quanto o conhecimento da situação contemporânea são valorizados nas universidades, e portanto a teologia dominicana situa-se melhor em um ambiente universitário.

Prós e contras da teologia acadêmica

Quando eu era estudante de teologia na segunda metade da década de 1970 e na primeira da de 1980, era menos evidente que as universidades proporcionavam o melhor ambiente para a teologia. Na Holanda, após o Concílio Vaticano II, a teologia católica concentrava-se cada vez mais nas faculdades de teologia, integradas às universidades ou o mais intimamente possível relacionadas com elas. Muitos dos principais seminários para o clero diocesano e as ordens religiosas existentes durante a primeira metade do século XX haviam sido sucessivamente fechados.

No curso dos anos 1970, contudo, desencadeou-se um desconforto crescente com essa nova situação. Bispos consideravam importante oferecer a seus futuros clérigos um ambiente que lhes propiciasse não somente treinamento intelectual, mas também formação espiritual. Houve iniciativas de voltar a fundar seminários diocesanos, em alguns casos como espaços em que os alunos vivessem, estudassem e rezassem juntos enquanto tomavam aulas nas faculdades de teologia; em outros casos, seminários completos no estilo tridentino. Em ambos os casos enfatizava-se que apenas o estudo da teologia era insuficiente e poderia ser até arriscado para a fé de um indivíduo. A percepção era a de que a Igreja necessitava de espaços onde fossem combatidas as tendências de secularização da teologia desenvolvida nas universidades.

Além dessa crítica mais tradicional e orientada à Igreja, o estudo da teologia nas universidades também foi atacado por seu caráter acadêmico por aqueles que defendiam um compromisso sociopolítico mais acentuado. Era o apogeu da teologia política e da teologia da libertação, e a teologia deveria, segundo muitos de meus colegas, estar mais intimamente associada às questões de relevância prática para os contemporâneos. O fato de alguns de nós desejarem enfaticamente estudar a tradição teológica em profundidade a fim de aprender com ela para nosso contexto contemporâneo – e não a fim de retomar uma forma supostamente tradicional de fé – era tolerado, embora não muito bem compreendido. Embora Edward Schillebeeckx fosse na época o teólogo mais prestigiado da Faculdade de Teologia da Universidade Católica de Nijmegen, onde eu estudava, e uma figura influente, poucos de meus colegas de estudo pensavam que ele ainda se preocupava demais com a tradição[1]. Se Deus também podia ser encontrado fora da Igreja, e os impulsos cristãos estavam presentes entre os que clamavam ser não crentes, por que deveríamos nos apegar à Igreja e sua tradição?

---

1 A edição holandesa do primeiro volume da trilogia cristológica de SCHILLEBEECKX, intitulada em inglês *Jesus: an Experiment in Theology*, foi publicada em 1974, quando eu ainda cursava o ensino secundário. Iniciei os estudos de teologia em 1976, e o segundo volume foi publicado em 1977, com o título em inglês *Christ: The Christian Experience in the Modern World* (nos Estados Unidos, com o subtítulo *The Experience of Jesus as Lord*); em 1978, o *Interim Report on the Books Jesus and Christ* foi publicado em holandês. Houve uma controvérsia internacional sobre o volume *Jesus*, com Schillebeeckx sendo entrevistado pela Congregação para a Doutrina da Fé, o que provocou inquietação e mal-estar não somente entre teólogos, mas também entre católicos holandeses que consideravam Schillebeeckx muito como o "teólogo deles". (Ver *The Schillebeeckx Case: Official Exchange of Letters and Documents in the Investigation of Fr Edward Schillebeeckx OP by the Sacred Congregation for the Doctrine of Faith 1976-1980*, ed. T. M. Schoof., New York, Paulist, 1984.) Em 1982, Schillebeeckx foi premiado com o prestigioso Erasmus Prize, e em 1983 ele se aposentou de sua cátedra em Nijmegen. Em 1984 eu me formei.

O Departamento de Teologia Fundamental e Dogmática da Faculdade de Teologia de Nijmegen era dominado por dominicanos, ainda mais após a aposentadoria do jesuíta Piet Schoonenberg em 1976: além de Schillebeeckx, a saber, Ad (Bonefac) Willems e Ted (Marc) Schoof[2]. Eles me seduziram a ser aluno de seu departamento e a me especializar como teólogo sistemático – o que é, naturalmente, uma contradição terminológica: um teólogo sistemático é, por definição, um generalista. Elaborei minha tese de mestrado e dissertação de doutorado sobre a teologia da libertação e outras "teologias de emancipação" – a teologia feminista, a teologia dos negros – e sobre como a teologia na universidade deveria responder a elas. Argumentei que, ao ser parte do meio universitário, a teologia não se tornava necessariamente "acadêmica" no sentido pejorativo da palavra. O *ethos* acadêmico possibilita a discussão crítica da verdade das alegações teológicas, o que é tão necessário quanto extrair as consequências práticas delas e apresentá-las com o significado de esperança em um contexto de sofrimento e opressão. No final das contas, o que importa é se o Deus pelo qual esperamos existe e se o reino de Deus está realmente "ao alcance", como Jesus alegou de acordo com os evangelhos sinóticos. Embora seja impossível verificar a veracidade dessas reivindicações assim como o são nas ciências e na maior parte das demais disciplinas acadêmicas, as afirmações teológicas só podem ser verdadeiras se não contradizem tudo o mais que consideremos verdadeiro em bases sólidas. É por isso que a teologia não deve ser feita apenas com um *ethos* acadêmico de investigação e reflexão críticas, mas também em um ambiente acadêmico e em diálogo e confronto com outras disciplinas[3].

---

2 P. Schoonenberg, SJ, ocupou a segunda cátedra em Teologia Dogmática na Faculdade Teológica de Nijmegen. Ele foi e continua sendo internacionalmente conhecido e altamente respeitado entre seus colegas teólogos, primeiro por sua reinterpretação do dogma do pecado original e posteriormente por sua precisa reinterpretação dos clássicos dogmas cristológicos e do desenvolvimento de uma cristologia-espírito. Em Nijmegen, ele sempre trabalhou mais ou menos à sombra de Schillebeeckx, que era de certo modo uma figura mais pública. B. A. Willems, OP, era principalmente um eclesiólogo e, com Schillebeeckx, inicialmente se envolveu bastante no periódico internacional *Concilium*. T. M. Schoof, OP, foi assistente pessoal de Schillebeeckx por um longo tempo e especializou-se na história da teologia. No âmbito internacional, ele ainda é bem conhecido por seu livro *Breakthrough: Beginnings of the New Catholic Theology*, Dublin, Gill and Macmillan, 1970.

3 Minha dissertação não foi escrita em inglês. Em holandês: *Sporen van de bevrijdende God: Universitaire theologie in aansluiting op Latijnsamerikaanse bevrijdingstheologie, zwarte theologie en feministische theologie* (Traços do Deus libertador: teologia acadêmica em

A conexão dominicana

Evidentemente eu desenvolvi meu próprio curso de pensamento, como se espera em uma dissertação, e também sob a supervisão do antigo assistente de Hans Küng, treinado como jesuíta, Hermann Häring. Mas minhas reflexões estavam de modo consciente em íntima conformidade com o estilo dominicano de fazer teologia. Meus mentores e professores dominicanos não teorizavam tanto sobre teologia em um ambiente acadêmico, mas praticavam um meio de fazer teologia em que a espiritualidade não era um complemento secundário à investigação intelectual ou, pior do que isso, uma suavização da rigidez intelectual. Na teologia que meus modelos de conduta dominicanos me apresentaram, o rígido esforço intelectual era por si só uma expressão de profundo engajamento espiritual: o amor pela verdade.

Com frequência, o amor pela verdade, intolerante em relação a mentiras e falsidades, é contrastado com o amor presente na amizade, compassivo e clemente. No entanto, em minha experiência, o amor pela verdade pode muito bem nos levar à compaixão e à amizade, a *caritas*. Se somente a verdade pode libertar-nos, é importante que a busca por ela – e a discussão sobre os méritos do que parece verdadeiro – seja tão livre e irrestrita quanto possível. Estar unidos no anseio pela verdade libertadora e na fé em sua presença auspiciosa em nosso anseio torna possível tolerar diferenças que de outro modo pareceriam intoleráveis. Na fé, podemos combinar a convicção tanto de que a verdade absoluta existe e está engajada em um relacionamento conosco quanto, ao mesmo tempo, de que não sabemos o que é essa verdade e o que esse relacionamento acarreta em última instância. Assim, podemos compreender como estamos fundamentalmente conectados em meio a nossas veementes discussões sobre o que pode ser, afinal de contas, chamado de verdadeiro.

Entretanto, também em um nível mais mundano, a busca pela verdade levou a uma amizade compassiva e envolvente. Até mesmo antes de minha promoção em 1990, entrei em conflito com as autoridades da Igreja – ou pensaram que sim. Negaram-me um *nihil obstat* necessário para obter um cargo de professor na Faculdade de Teologia em Nijmegen. Foi um cho-

conexão com teologia da libertação latino-americana, teologia dos negros e teologia feminista), Kampen, Kok, 1990.

que para muitos quando isso ocorreu, em 1987, por causa da falta das razões óbvias que haviam interrompido as carreiras de alguns colegas nas décadas de 1970 e 1980: eu não era homossexual praticante, era devidamente casado e não era ex-sacerdote. Os motivos para me negarem um *nihil obstat* só eram compreensíveis no contexto da polarização na Igreja católica holandesa na época. Realizei alguns trabalhos para o Movimento Oito de Maio (*Acht Mei Beweging*), estabelecido durante a visita do Papa João Paulo II à Holanda para apresentar outra face da Igreja que não aquela que a Conferência dos Bispos Holandeses desejava mostrar. E – provavelmente outro fator significativo – havia muita animosidade contra Schillebeeckx, que representava para o episcopado a face da Igreja que seus predecessores promoveram no período durante e após o Vaticano II e que tornaram os católicos holandeses mundialmente famosos, mas que eles pretendiam abafar[4]. Nessa situação, a Província Dominicana Holandesa reconheceu como genuinamente dominicano o modo como tentei fazer teologia seguindo os passos de alguns de seus membros proeminentes. Eles me contrataram para pesquisar sobre a teologia de Edward Schillebeeckx e seu significado contemporâneo, o que não só me resgatou para a teologia, mas também me salvou do desemprego. Isso é o que eu chamo de amizade na e através da busca pela verdade!

Para minha própria compreensão, o paradoxo era que, ao ser fiel ao *éthos* crucial de fazer teologia na universidade, fui expulso dela. E era, naturalmente, doloroso – para dizer o mínimo! – que minha carreira parecesse ter terminado antes de realmente começar. Mas sobrevivi. Continuei intimamente ligado à comunidade acadêmica. Atuei como editor assistente e, mais tarde, como editor gerente do principal periódico católico sobre teologia acadêmica na Holanda, *Tijdschrift voor Theology*, criado em 1960 por Edward Schillebeeckx. Fui membro de sociedades teológicas e participei de uma ampla gama de periódicos, resenhas e revistas. Em certo sentido, criei meu próprio ambiente acadêmico, que me confrontou com a cultura contemporânea em toda a sua diversidade, aparentemente com frequência de modo mais profundo do que os contextos universitários normais pareciam confrontar meus colegas. Por isso, tornei-me – vim a perceber – um

4 Como se deve saber, o episcopado holandês mudou significativamente durante as décadas de 1970 e 1980. A partir de 1970 surgiu claramente uma operação planejada para preencher vagas na Conferência de Bispos Católicos Holandeses (que ganhara reputação de ser "progressiva" durante o Concílio Vaticano II) com candidatos bastante tradicionalistas.

verdadeiro dominicano: intelectualmente presente nas fronteiras e nos limites de nosso mundo social, cultural e religioso.

Senti-me encorajado pelos documentos emitidos pelos Capítulos Gerais da Ordem dos Pregadores durante as décadas de 1980 e 1990. Descobri o quanto eu era fiel à teologia de meu mentor Edward Schillebeeckx, que tentou desenvolver uma "teologia da cultura" no período que se seguiu à Segunda Guerra Mundial. Senti-me consolado em minha forçada existência marginal na academia ao recordar grandes ancestrais da Família Dominicana, como Marie-Dominique Chenu e Yves Congar, que também foram expulsos de suas posições acadêmicas por alegadas heresias. O livreto de Chenu *Une école de théologie: Le Saulchoir* (1937) foi uma inspiração em especial[5]. Concordei inteiramente – e concordo – com o que a obra afirma que a teologia deve ser: reflexão sobre a existência contemporânea à luz da tradição e por que isso só poderia ser feito adequadamente em um contexto acadêmico. E descobri que ainda sofremos – ou sofremos novamente – do espírito que foi responsável por sua condenação em 1942.

Uma missão dominicana na universidade

Tudo isso é para esclarecer que inicialmente o trabalho acadêmico não era tanto uma expressão de minha missão dominicana, mas que o fato de eu ser um dominicano resulta de meu trabalho como teólogo acadêmico.

Ao desenvolver uma identidade dominicana por meio de meu trabalho intelectual e dos usuais acidentes biográficos e históricos, busquei um espaço para expressá-la mais amplamente. Engajei-me na Família Dominicana tornando-me membro de um dos oito grupos locais em que frades, freiras e irmãs dominicanos reuniam-se com pessoas leigas inspiradas pelo carisma dominicano. Mas éramos cada vez mais confrontados com a morte e o envelhecimento de irmãs, freiras e frades, com o fechamento de casas e paróquias e, por conseguinte, com a questão: "Qual é o futuro da presença dominicana na Holanda?". Nossa resposta foi que ao menos necessitávamos de uma estrutura clara e firme que possibilitasse aos leigos ser realmente

5 Infelizmente, o livreto de Chenu não foi traduzido para o inglês. Um fato estranho é que em 1937 foi "publicado" em uma edição mimeografada e somente em 1985 apropriadamente impresso. Ver M.-D. Chenu, *Une école de théologie: Le Saulchoir*, ed. G. Alberigo, Paris, Cerf, 1985.

dominicanos, não dependentes permanentes da capacidade e da disposição do religioso, canonicamente falando. Em 1999, após dois anos de preparação, discussões, arranjos com o provincial dos frades e seu Conselho, e com os superiores dos outros ramos da Família Dominicana, nós restabelecemos a laicidade dominicana[6]. Nesse ano, dezenove pessoas tomaram votos e entrementes nossa Comunidade Laica Dominicana na Holanda (Dominican Lay Community in the Netherlands – DLN; somos uma comunidade nacional e não temos capítulos locais) possui cerca de cinquenta membros. Muitos deles estão fortemente envolvidos em posições-chave na Igreja holandesa, realizam trabalho pastoral ou atuam em jornalismo ou educação.

Como leigo dominicano professo desde 1999, não sou mais apenas um teólogo com características dominicanas. Sou um dominicano que faz teologia. Desde o ano 2000 faço teologia novamente na – hoje – Radboud University Nijmegen. Ainda não consegui obter um *nihil obstat* ou *missio canonica* que me capacite a lecionar na Faculdade de Teologia Católica. As razões para isso são agora ainda menos compreensíveis do que há vinte anos, e para ainda mais pessoas. O principal problema parece ser o fato de eu ter tido problemas no passado e, portanto, tenho problemas no presente. Mas desde 2000 trabalho no interdisciplinar Heyendaal Institute para Teologia, Ciências e Cultura da Radboud University. A missão desse instituto consiste em estimular e realizar pesquisa na interface da teologia com as outras disciplinas existentes no *campus* de Nijmegen, que se situa no antigo estado de Heyendaal. Comecei como pesquisador sênior e coordenador da seção de "Teologia e humanidades", envolvido em pesquisa na interface da teologia com a literatura contemporânea. Nossa questão era, em termos amplos, em que sentido e em qual medida a literatura atua de modo análogo à religião tradicional. Desde setembro de 2004 sou diretor acadêmico do Instituto Heyendaal, e desde janeiro de 2007 também ocupo uma cadeira na Faculdade de Estudos Religiosos sobre "religião e cultura contemporânea, em particular as ciências contemporâneas".

Meu retorno à universidade estimulou o aumento de contatos internacionais e de uma presença internacional. Trabalhar no Heyendaal Institute coloca-me inequivocamente no centro do confronto entre reflexões sistemá-

6 Durante esse processo discutimos o texto que originaria meu livreto *Dominican Spirituality: an Exploration*, London/New York, Continuum, 2001, publicado em holandês em 2000.

ticas sobre tradições religiosas, em especial a cristã, e as demais disciplinas, que sempre foi central a meu apelo para a teologia posicionada na universidade.

Quando Edward Schillebeeckx foi convidado a ocupar uma cátedra em Nijmegen no final da década de 1950, o provincial de Flandres não queria deixá-lo partir. Precisava dele para educar futuros frades flamengos e, ele argumentou, também para dar aos dominicanos flamengos uma presença pública, com a qual ele esperava atrair novas vocações. O então mestre geral da Ordem, Michael Browne, encerrou a disputa dizendo que sempre que se oferecia a um dominicano uma cátedra de Teologia Dogmática ele deveria aceitá-la. Ciente disso, às vezes sinto que ainda não estou onde deveria estar. Não se trata, naturalmente, de que todo dominicano deva ser um teólogo profissional, e todo teólogo um professor pleno. Tenho, contudo, sido o primeiro de listas de candidatos.

Assim como Chenu não era um teólogo sistemático *apesar de* ser historiador e especialista em teologia da Idade Média, *por causa* disso, espero poder ser um teólogo sistemático *porque* dirijo um instituto de pesquisa interdisciplinar. Há motivos para imaginar que isso é possível. Como Chenu aprendeu com Tomás de Aquino, a derradeira tarefa dos teólogos não é estudar teologias. Isto deve capacitá-los a estudar o mundo, suas culturas e os seres humanos, a fim de ver e expressar sua significância teológica. Pesquisar a significância teológica do mundo atual e a vida no meio dela, tal qual investigada e compreendida pelas ciências contemporâneas, é a missão do Heyendaal Institute.

Pregação dominicana?

Quem sabe o ensino baseado nessa pesquisa possa ser um meio novo e recentemente eficiente de pregação contemporânea no sentido dominicano. Pregação no sentido dominicano significa, em meu ponto de vista, não sugerir que sua pregação represente a salvação do mundo preso no mal, mas mostrar que em meio ao mal, à morte e às ameaças em que vivemos já somos parte da história salvadora de Deus incorporada em Jesus Cristo. O que deve, em primeiro lugar, ser restaurado em nosso mundo contemporâneo, ao menos nas sociedades ocidentais, é a confiança de que a tradição cristã pode contribuir com algo para a compreensão de nossa situação. A religião é vista ou como um sistema autocontido reivindicando a verdade absoluta – para alguns altamente perturbadora, para outros altamente confortadora –, ou como uma expressão de sentimentos existencialmente importantes sem qualquer relação com o que podemos de modo objetivo saber sobre o mundo. A alegação católica clássica, sobretudo acalentada pelos dominicanos, de que a fé é uma forma de conhecimento – do mundo, de nós mesmos no mundo e de Deus como o horizonte da verdade, da bondade e da beleza – para a qual um relato razoável é possível está longe de dispensar explicações.

O Heyendaal Institute destina-se sobretudo a pesquisas e sua influência sobre preconceitos culturais pode ser real, embora algo indireta. No semestre da primavera de 2006, porém, lecionei um curso no chamado Programa de Honra de nossa universidade. Alunos de todas as faculdades e todos os departamentos podem participar de quatro cursos extras de um especialista em um campo específico. Não há requisitos formais para esses cursos, mas os alunos tendem a ser os mais inteligentes e ambiciosos – e é interessante observar que tendem a ser o público feminino também; aparentemente brilhantes e ambiciosos alunos do universo masculino são mais motivados a realizar trabalho extra dentro dos limites de suas disciplinas ou intimamente ligado a elas. Ministrei um curso sobre o lema infame que clamava o "retorno" ou "ressurgimento" da religião, fazendo a pergunta: "Se é evidente que Deus está morto, por que a religião não está desaparecendo?". Com 25 alunos de históricos totalmente diferentes – nenhum deles em estudos religiosos ou teologia, contudo –, lemos e discutimos textos de analistas culturais, sociólogos, antropólogos e psicólogos da religião, filósofos e teólogos. Aos poucos, começou a ficar claro para a maioria desses alunos por que a vida humana no mundo pode incitar respostas religiosas e por que ideias religiosas podem ser importantes e merecer sério exame intelectual. E, mesmo que alguns deles ainda não entendessem muito sobre o que a religião é ou faz, ao menos tornou-se evidente para eles que há algo a ser compreendido.

Também tive a oportunidade de participar de um projeto organizado pelo Scientific Council for Government Policy (*Wetenschappelijke Raad voor het Regeringsbeleid*), um importante grupo de pesquisa interdisciplinar do governo holandês, sobre a presença da religião no domínio público[7].

7 O livro que resulta dessa exploração pode ser encontrado e baixado em: <www.wrrr.nl>; infelizmente, a maioria dos artigos está em holandês.

Até mesmo na sociedade holandesa plenamente secularizada ficou claro que a modernização não se iguala à secularização, e que a religião assume novos significados no mundo contemporâneo. Isso é certo, se a tendência secular dominante também persiste: deixar a Igreja e as formas institucionalizadas do comportamento e da expressão cristãos relacionadas a ela. Existem, ao mesmo tempo, tendências tanto de secularização quanto de religiosidade em ação. Não importa somente conhecer melhor o que está ocorrendo e compreender sua relação com outras tendências – globalização, individualização e a reestruturação da sociedade civil que isso implica, para citar algumas –, mas também enxergar a significância teológica dessa situação. Aparentemente, a derradeira questão não desaparece nas sociedades pós-modernas, mas exige mais expressão e discussão do que nunca. O problema parece ser, porém, que as expressões tradicionais não funcionam mais e que as novas expressões ainda não foram encontradas.

Uma de minhas principais preocupações nos debates socioculturais é deixar claro que, ao contrário da crença comum, não necessariamente a religião obstrui a democracia nem propaga e incorpora a intolerância. Considero tratar-se de uma questão muito dominicana, com a longa e forte tradição de democracia em nossa Ordem. Não se trata apenas de que a liberdade democrática e o compromisso com a verdade absoluta possam reconciliar-se, mas há uma essência religiosa na confiança democrática sobre o debate público em meio a toda incerteza. Explorar essa essência religiosa é tão importante para o futuro do mundo contemporâneo quanto para a compreensão teológica desse mundo em termos da presença oculta e *quenótica*, porém real, de Cristo nela. A questão não é que a insistência da modernidade sobre a autonomia seja errada. A questão é demonstrar que em nossa autonomia estamos vivendo sem a graça divina, concedida antes de tudo em nossa própria autonomia. Assim, podemos encontrar a verdade e as regras de comportamento em conformidade com ela "não como escravos sob a lei, mas como homens livres estabelecidos sob a graça divina", como a Constituição Fundamental da Ordem dos Pregadores cita com base na Regra de Santo Agostinho em seu resumo sobre o que São Paulo escreve em sua carta aos Romanos (6,14-22).

Este livro foi composto nas famílias tipográficas
Minion, Rotis Sans Serif e *Russell Square Medium*
e impresso em papel *Offset 75g/m²*

FSC
www.fsc.org
MISTO
Papel produzido
a partir de
fontes responsáveis
FSC® C008008

Edições Loyola

editoração impressão acabamento

rua 1822 nº 341
04216-000 são paulo sp
T 55 11 3385 8500
F 55 11 2063 4275
www.loyola.com.br